京都文化遊

enlighten & fish 亮光文化

作者序

我自二〇二一年因家庭關係由香港搬到京都。和家人重聚之餘，對於本身是京都迷的我，在京都居住實是如在夢想之地重生。疫情時遊客不多，外國遊客更接近絕跡，可以慢慢遊覽，也因住在這裡，可因應節日而到訪寺社參加祭典活動，亦可隨機進入一些有趣的店鋪逛逛，又或沿河川山徑走走，三年的遊歷，打開Google Map看看，京都市內的地圖插滿標記，自己也嚇了一跳！

京都自新冠肺炎放緩後，外國遊客人數急速回升，而且根據京都觀光協會的統計，還超過了疫情前的數字。人很多雖然帶動經濟，但住在京都市的普遍市民其實是擔憂比較多些。新聞不時傳出「過度旅遊」、「觀光公害」等負面報導。旅客太多造成擠迫、喧嘩、不守規等問題。同時後生一輩的京都居民負擔不起市內高升的租金、超負荷的公共交通等而選擇離開，長遠下去會造成社區老年化，青黃不接，文化產業亦會空洞化。

有天跟出版社總編聊天，問我有沒有興趣寫一本關於京都文化遊的書，我本身其實不太有動力，原因是對於外國旅客已超越飽和的京都，總不想把問題加劇。但是最終決定下筆，是出於想令更多人用欣賞傳統文化的角度去遊京都，而不是停留在打卡食玩買的階段。同時亦希望大家認識京都文化深一些後，更有意識地去減少到遊時的「旅遊公害足跡」，保護這個難得地還看到傳統生活的千年古都。

寫作開始後，自己多做了研究，同時也去考了京都觀光文化檢定試。教科書厚厚的一本，分不同觀光主題（如歷史、寺院、祭典、食物），觸發了我為這本書作出有京都特色的主題分類。除此我亦將搬來京都生活後寫的生活短文以這歸類附加在後，希望讀者除了看到一些觀光介紹外，也能從一些生活片段感受到京都文化的種種。

相信不少讀者一年也會到日本旅遊數次，到關西的話，不免會停留京都，本身很可能有不少偏愛的旅遊點、舖頭、餐廳、power spot等等，而且坊間亦有不少京都旅遊書作出行樂提案。寫作本書時，我不希望重複其他旅遊書的格式，而是希望讀者可以從不同文化主題上去了解京都，慢慢對這地的人和事有興趣及認識，接些地氣，好像京都漬物那樣浸在日本文化濃郁的陶甕裡。請大家慢慢遊浸這文化京都，說不定有天在這古都的角落碰到你。

沙沙奇綠鼻子

監修者序

最近我多了和到遊京都旅行的外國人談話，大家也很可惜地說著「人太多，令人很倦」。旅遊書、電視節目介紹的地方，人真的太集中了。

試試跟著這書介紹的地點慢慢遊歷又如何呢？

又或是在決定到遊日程時，試試和那段時間京都的祭典行事配合，樂趣可能也會倍增呢。

佐々木聡美

目次

麵包與咖啡
祭典與傳統演藝
神社與佛寺
104 58 46

樂遊與禮儀

平安神宮（時代祭行列）

過度旅遊與對策

日本近年成為國際旅遊熱點，而京都更是到日本旅遊的「皇冠寶石」，擁有傳統建築、藝術、美食、文化，同時又有時代感及生活感的一面，並不是一個時代劇主題樂園。不過大家若有留意新聞報導，疫情後大量外國旅客再次「殺到」，尤其因為文化差異，製造了不少被稱為「過度旅遊」的問題如：交通擠塞、旅遊旺點吵雜、隨處拍照影響隱私、街上堆積大量垃圾、居住在民宿的旅客對附近居民造成騷擾等等。雖然直接影響到的多是當地居民，但作為旅客到遊京都，也許對這地方有所欣賞甚至傾慕，大家也不想成為京都在過度旅遊下崩壞的成因。就如其他美好事物一樣，能將它保留存續，令下一代或其他人可以欣賞，是普世價值。京都市政府在二〇二三年做的京都觀光綜合調查裡，有接近 61%的外國人希望到京觀光時不會令當地生活習慣改變，這數字還比日本人的 57%高一些！

音羽山 清水寺

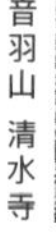

如何避免京都交通擠塞問題？

第一是避開上下班、上下課的通勤時間（約平日的上午七至九時及下午五至七時）。第二是多利用電車或地鐵；因京都巴士司機短缺，班次較疏，亦因乘客太多而可能上不了車。第三是多走些路（其實京都市內也有很多有趣的店鋪地方待你發掘）。減少乘坐繁忙的公共交通工具，同時也可讓給住京都市的當地學生、上班族，令他們通勤少擠迫一些。

四条河原町

京 哪裡是京都的旅遊超旺點？太多人也還值得去嗎？

外國旅客到京都的頭五名最人氣觀光點（根據《和樂雜誌》二〇二四年十／十一月號訪問當地計程車司機得出結論）是：

一．竹林少徑（嵐山）
二．金閣寺（鹿苑寺）
三．伏見稻荷大社
四．二条城
五．清水寺

人氣鼎盛當然有它的原因，未去過又真是想去的話可以考慮較早的時間到遊（神社佛寺可選擇在剛剛開門的時候去）。若是有心克服只為打卡曾到名勝一遊的心態，京都市內其實也有不少不遜以上景點的選擇；人流少一些，行得舒適一點，拍照也容易一些。

京 不去京都的五大超熱點有什麼替代方案嗎？

一．竹林少徑（嵐山）↓宇治川[1]一帶，有山有水。

二．金閣寺（鹿苑寺）↓上賀茂神社[2]，優雅建築，亦有清麗河川。

三．伏見稻荷大社↓下鴨神社[3]，坐立在原始森林的古神社。

四．二条城↓御苑[4]，正統皇宮建築，坐立於一個茂綠的大公園內。

五．清水寺↓知恩院[5]，依山而建，有宏大的三門及本堂。

←
宇治川
上賀茂神社
下鴨神社
御苑
知恩院

京都市政府其實也想分散外國遊客的必然選擇景點，除了減少旅遊公害外，也想令旅遊消費惠及市內不同地區的經濟，不單是在熱點行銷的商舖或是那些設施的擁有者。發掘一些不太熱門的旅遊景點，旅客也能惠及更廣泛的京都商戶，雙贏也。

京 我想善用早晨及夜晚較少人的時間在京都市內閑逛，有什麼好推介？

善用時間之餘，避開人群高峰也是上策。早上有不少寺社飲食店或體驗等在九時前開放，另外亦有一些社寺等會舉辦期間限定的夜間燈光活動。京都市觀光協會的「京都觀光公式網站」有專頁介紹朝、夜觀光。

關於禮儀

外國遊客到京都旅行，若能夠和當地文化更為融合，旅程應該更順利、更愉快。禮儀就是人與人之間的融合劑了。但各處鄉村各處例，禮儀習慣很多不是全球通用，往往由於文化背景不同而有很大差別。最近有很多關於過度旅遊的新聞也圍繞著外國旅客不守禮儀這問題。要一一解釋日本的禮儀可能一本書也說不盡（筆者也有一本叫《不失禮遊日小手帳》的拙作，有興趣可翻閱參考）。不過從一些日本人的價值觀及文化背景去解釋，可能更容易找到脈絡，大概可歸納為「型與表」及「空氣」。

作為外國人旅客，當然對很多關於型與表的概念很陌生，亦很難習慣不時閱讀空氣。但最基本可做的，是有「公德」意識，不令周圍人困擾，即日本人常說的「迷惑をかけないように」。至於什麼行為對日本人來說是困擾，往往和其他國家有程度分別，尤其是在噪音方面，日本人普遍比較敏感，要多些注意。

型與表

日本人是講求規矩的民族，一般人非常尊重規矩（當然有些老一輩的日本人會覺得後生一輩已失去這民族性）。茶道、劍道等有所謂「守破離」思想，即是最基本層次是守規，當能夠徹底遵守規矩（守），才進級去摸索破規（破）及自立門戶流派的境界（離）。守規很多時是從外表、形態去遵守，由表到裡、由形到實。也許是這個關係，很多外國人覺得日本人注重外表包裝，甚至乎「華而不實」。但若能夠理解守破離者這思想，可能會多些接受這守規、注重外表形態的行為。

空氣

説起日本人的禮貌，便不得不提「空氣」這概念。日本教養裡，很重要一環是閱讀其他人的想法、情緒及動機等，統稱為「空氣」。例如逛街時注意有沒有阻礙後方的人，坐車時停站前留意坐旁邊的人是否準備下車，談話時觀察對方是不是不想提及某話題等。日本人把這種行為冠稱「閱讀空氣」或「KY」（即日文羅馬字 Kuuki wo Yomu），是人際關係、待人接物的基本。比較他國文化，日本是特別細膩敏感，日本人自稱他們是「牽引式文化」（引文化）。即是以牽引對方的方法去傳達想法，而不是將自己的想法推出去宣示己見。閱讀空氣就是他們的必須技能。

逛街

不大聲說話喧嘩

不邊逛街邊飲食

將垃圾帶回家裡或酒店

不隨便向他人或在私家路、地方拍照

說話

不用舌頭吸牙縫而發出嘖嘖的聲音

不重複說「是、是、是」

避免打嗝

多打招呼 微微彎腰鞠躬

用膳

不磨筷子

不舔筷子

吃飯前說「Itadakimasu」、吃飯後說「Gochisosama」

儘量吃完食物，將用膳後的餐具碗碟保持乾淨整潔

乘車

切實地排隊等車

不帶大件行李上市巴士（因巴士沒有很大的空間可放行李）

乘車時目光儘量避開其他人的面部

關於京都人的負面印象

由井上章一的《討厭京都》道出了日本內不少人對京都人抱有壞印象：傲慢、排外、口蜜腹劍、心腸黑毒等（日本人稱之「いけず」）。外國人到遊京都可能最容易察覺到的是有些老舖會掛著「一見さんお断り」（不歡迎新客人）的牌，或是店員有時不太積極或沒多大笑容。也有傳聞京都人會對客人講反話，越是讚美你或對你客氣其實越是不高興，希望你意會到他的酸言酸語。除了不直率外，京都人也出名不接受改變，就例如固執守著家業、傳統做法，不歡迎新商業、新基建（如不少人反對建造中的北陸新幹線）。

雖然以上種種好像頗為負面，但到遊京都卻是一個機會去觀察及了解這種和其他日本地方不同的人文特性，也可能因此而尋找到這千年古都內的特有風味。

本篇介紹地點：

1 宇治橋

2 上賀茂神社

3 下鴨神社

4 京都御苑

5 知恩院

Google 地圖

京都生活小記

搭巴士體驗

以往到京都旅遊，搭巴士的體驗都不好。還記得當時市內地鐵沒有像現時那麼方便，主要靠巴士代步。巴士往往不依時間到站，不知是早到走了還是遲到了，等巴士總是患得患失。巴士到站很多時也載滿乘客，遊客更有時不排隊蜂擁而上。就算擠上了巴士，座位數目很有限，多安排在巴士的後方，中間及前方的位置只有幾個座位，而且差不多全是關愛座！

上下車對旅客來說也有不少要注意地方。第一是上車的車門在巴士中間，前方的門多是用作下車。上車後有時要取登車票，或是在閱讀器上拍卡。比較長程的巴士會按乘搭距離收費。留意車頭的顯示屏幕，看看還有幾個站到目的地。按鈴通知司機和港台差不多，只是若有人已按了一次鈴的話便不會再響，又或者是車裡正在廣播訊息時，按鈴聲會延至廣播完畢後才響起。若坐在座位的話，謹記車停定後才起身步向車頭下車，港台旅客習慣了心急下車，但這邊的司機會確認沒有人想下車才會開車，反而提早站起會遭責罵，很掃興！還有是因為下車才付款，最好確定自己有沒有足夠零錢。司機旁邊雖然有零錢兌換機，但在那裡兌換很易手忙腳亂，而且兌換機和付款機是分開的，不要以為放一張鈔票便會自動扣除車費及找回零錢！

說了這麼多負能量的乘巴士體驗，也加些個人正面經驗平衡一下！這裡的巴士司機通常會戴麥克風，我遇過有些體貼的司機會在巴士滿座時叫人慢慢上車下車，將會轉彎時會預告是轉左還是轉右，真的太多人時，還會叫乘客從後邊的門下車而不用付款！日本人的基本禮貌就是會叫乘客小心，及提醒留意有沒有遺留物品在座位，下車時會多謝乘客等。有司機更會多行一步，提醒乘客人行道正有單車駛近等等，非常貼心。遇到好司機時，我總會提醒自己感謝司機，並帶著微笑步出車廂，希望為這些好司機加持。

嵐山・大覚寺
28
11-55

大文字山俯瞰

天氣

提起京都，第一印象就是「千年古都」，由平安時代（中國的唐）至明治維新（中國的清）日本也是以平安京（現在京都）為首都。不過其實京都有大京都和小京都。大京都是京都府，而小京都是京都市，很多遊客將府和市混淆了。京都府由北面的日本海伸延至南面的奈良縣及大阪府，京都市則在京都府偏南方地區，是一個三面被山環繞的盆地城市。在這書裡，「京都」通常指的是京都市。

因京都坐立在盆地裡，夏天非常熱。往往是日本最熱的地方之一；而冬天卻非常寒冷，會下雪及路面結霜。正面地看是四季分明，負面看就如平安時代宮庭作家清少納言在著作《枕草子》所說：「冬はいみじう寒き、夏は世に知らず暑き」（冬天是不能想像的嚴寒，夏天是世間未知的悶熱）。根據天氣網站Weather Spark的數據分析，氣溫最舒適、天晴日子最多的「觀光最適期」是五月下旬至六月上旬及八月下旬至十月上旬。但那是一九八〇年至二〇一六年的數據，近幾年京都夏天延長而且平均溫度也提高，

七月至九月氣溫可高達三十五度以上，而二〇二四年（至九月下旬）超過三十五度的猛暑天更是全國第一位，計有五十多日。

京 如果四季要選一處京都必去看的地方，你會推介哪裡？

春天我會選擇到伏見十右舟[1]沿運河及酒倉一帶看落櫻。

夏天到貴船神社奧宮[2]喝冰抹茶。

秋天會去宇治川朝霧橋前[3]欣賞火紅楓葉。

冬天在出町柳[4]一帶看鋪了雪的大文字山（又或在町屋改裝的咖啡店內喝著咖啡靜看雪花飄落坪庭，對不起犯規多了一項）。

春

伏見十石舟

夏

貴船神社奧宮

秋

宇治川朝霧橋前

冬

出町柳大文字山遠望

比叡山
大文字山
青龍
八坂神社
現代京都
鴨川
河原町
烏丸通
京都駅
東寺
朱雀大道
朱雀

地理

平安時代選擇遷都到平安京（即現在京都市），有說正是因為這裡的地理環境：當時朝廷篤信由中國的風水學演變而成的陰陽學，說京都是四神相應的福地，有左青龍（鴨川），右白虎（山陰道），南朱雀（巨椋池），北玄武（船岡山）。四神獸便對應了「山川道澤」的地理特徵。青龍的鴨川可能到過京都的人都很認識，是在京都市東邊的一條有名河流，很多遊客駐足欣賞河景乘涼。白虎象徵的山陰道是平安時代的古道，由平安京的羅城門經過西邊的桂川、龜岡至古時的丹波。朱雀是神鳥，象徵祂的巨椋池曾經是京都最大的湖，在南伏見、宇治一帶，明治時期政府將它圍墾開拓成耕地而消失了。玄武則是龜蛇合一的神獸，祂所象徵的船岡山是一個高約四十米的小山，在大德寺北面，室町時期是戰爭陣地，亦曾成為刑場，經過很多歷史洗禮。

京都的山川

雖然左京、右京、上京、下京又或是洛中洛外等好像很混亂，但到遊京都市其實也不太難辨別方向。一來這裡的建築物普遍也不太高，而且京都市是三面環山的盆地，東面有大文字山，東北的高山是比叡山，西北的高山則是愛宕山，遠處看不見山的方向便是南方。行至鴨川便知到達東部，反之行至桂川便是到達西部了。

比叡山

鴨川

古都市規劃

平安京在建造時是一個左右對稱的都市，夾在鴨川同桂川之間。京城南方的入口是羅城門（現不存在），即黑澤明電影裡的那個羅生門。門的東面是東寺（現時成為了世界遺產），西面是西寺（現已不存在）。穿過羅城門是一條闊八十四米的朱雀大路（現在成為JR山陰本線的行車路線），直達皇宮的「大內裡」（現也不存在，京都現在的御苑是鎌倉時代遷移至那裡）。大內裡計起由北至南的第一條大道叫一条，如此類推至十条。不過也因御苑搬遷到比原先較東面的位置，一条現在是由御苑的中間向左伸延。如果有興趣了解平安京，推薦大家到平安京創新館[5]，館內設有一個非常大的舊平安京情景模型，可以幻想一下在那時的京都生活會是什麼樣子。

平安京創新館平安京模型

東寺

羅城門模型

為什麼看地圖時京都市左面叫右京區而右面叫左京區？

因為當初定下左京及右京區時，是以大內裡（皇宮）為主體，坐北向南地看，故東面是左京區而西面則是右京區。

京都的洛中、洛外又是什麼地方？

平安京時期的京都是一個左右對稱的雙核都市。因那時日本傾慕唐國，西半的西京叫「長安城」，而東半的東京叫「洛陽城」。但過了一世紀後，西京的長安城日漸荒廢而田園化，剩下東京的洛陽城繼續繁榮，所以漸漸地京都的暱稱便變成了「洛陽」。洛中就是這「洛陽城」內，洛外即是「洛陽城」外。經過時代洗禮，現代普遍的京都人心目中的洛中是在上京區、中京區、下京區等地方，又或是四条烏丸周邊的商業中心之地。

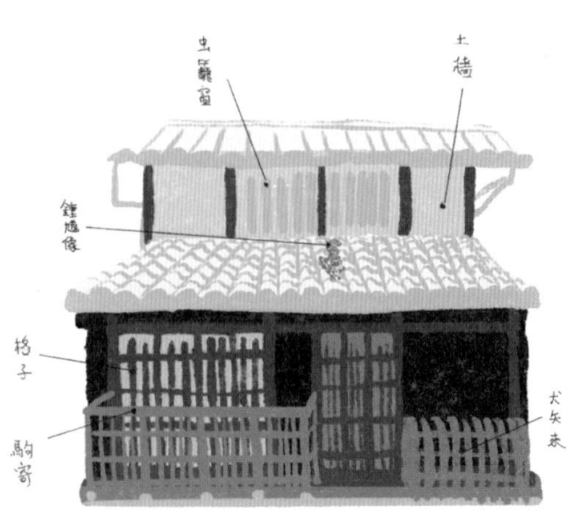

京町家

在京都的大街小巷閑逛，定會被當地古色古香的京町家吸引。京町家因其面積窄長，亦被暱稱為「鰻魚寢牀」。建築風格由平安時代承傳至今，多是屋的面向與屋脊平行，日本稱為「平入式」建築。外牆鋪上一層土牆以作為防火用途，屋頂上多擺設一個除魔辟邪的鍾馗像。町家的二樓稱為「廚子二階」，外窗是特色的虫籠窗，樓面較矮有如閣樓空間，主要作收納儲存用途，但亦會住人。樓面矮的原因據聞是江戶時期幕府規限，以防從二樓窺探街外人而演變出來的建築方式。京町家最大特色是那些有如木欄杆叫「格子」的窗，既能採光，亦保持隱私，外面很難看到屋裡。以住營商的町家會以不同格子設計表示店鋪類別。不少町家屋前設有叫「犬矢來」的弧形竹欄，防止路上泥濘濺上牆；有些也有稱為「駒寄」的木柵，以阻隔太接近的路人。町家裡最令人驕傲是設有一個小小的日式庭園「坪庭」，除了可以在屋內感受京都四季美景之外，亦能幫助採光、通風甚至防火。

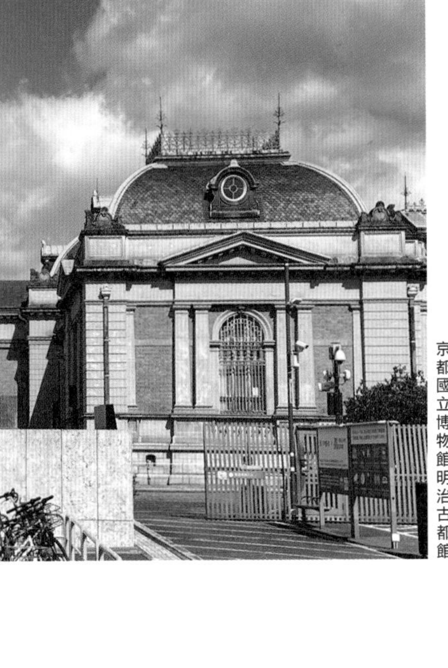
京都國立博物館明治古都館

京都府京都文化博物館別館

近代西式建築

京都市的西式建築早在明治早期開始出現。最出名可說是坐立在東山區的京都國立博物館明治古都館[6]，它原本是京都博物館本館由日本帝都建築家片山東熊設計，紅色及灰色磚建成的文藝復興、巴洛克建築。現在京都國立博物館主展覽場地已搬遷到新的平成知新館，明治古都館有時也會開放作一些單項目展覽。另一受人注目的西式建築是京都府京都文化博物館別館[7]，紅磚加上白間條，看上去和台灣總統府有幾分相似，原來真是出自同一個建築師的手筆！他的名字叫長野平治。該館是由他及他的老師、日本近代建築之祖辰野金吾共同設計。這建築物原是日本銀行京都支店，走進去還可看到銀行原有的木造櫃檯及營業室。該館坐立的三条一帶亦有多座近代西式建築，計有明治時期的郵局、銀行、商店、圖書館等，值得逛逛感受一下和洋合併的氣氛。

本篇介紹地點：

1 伏見十右舟
2 貴船神社奧宮
3 宇治川朝霧橋前
4 出町柳
5 平安京創新館
6 京都國立博物館明治古都館
7 京都文化博物館別館

Google 地圖

京都生活小記

鴨川三角洲裡消失的午餐

在未移居到京都前已經很喜歡「鴨川」。除了旅遊時必到鴨川沿河散步外，也試過坐在河邊吃午飯甚至晚餐。鴨川是京都風水陣的「左青龍」，位於左京區，水流由北向南。有日閑來看看 Google Map 發現在出町柳一帶有一個叫鴨川三角洲的地方，就是兩河（高野川及賀茂川）匯合成鴨川之地。好奇去了探險，坐京阪電車在出町柳下車，三角洲就在站旁！

因為是兩條河的匯點，橋有兩條，而可以沿著走的河更有三條（高野川、賀茂川及鴨川）。上流的高野川及賀茂川兩旁有不少樹木，除了常見的烏鴉外更在一株松樹上發現一隻鷺！感覺有些像日本風景畫。行至橋底看到有人在玩 band 練鼓，不失為一個好地方吧？兩橋之間有一個公園，可坐下休息遠眺在東面的大文字山。經個公園的石級行至下流的鴨川，驚見幾個年青人在玩「水上飄」橫過河流？細看原來那裡設置了一些「飛石」，有千鳥型，也有龜型，讓遊人踏著過河。自己也躍躍欲試，踏上飛石才發覺石頭間距原來不太近，成年人橫過時也戰戰兢兢，小童的話我想是需要勇氣膽量。意猶未盡，隔了數週，我到一乘寺逛書店後買了兩份三明治，決定再闖這鴨川三角洲。在高野川旁找了一張長凳坐下，我取出三明治準備來個郊遊午餐！噢，不如先拍張照打打卡吧？當我正以電話對準手上的美味三明治時，背後傳來噗一聲，手震一下，三明治竟然不見了！回過神來，看到一個黑影在天空飛翔，才將這失去的三明治和幾週前看到的那隻鷺連結起來！那一刻心情又是惱恨又是驚愕，用了數分鐘說服自己那隻鷺找到了午餐也不全是一宗壞事。收拾心情再到處於三角洲的鴨川公園吃餘下的第二份三明治。心想那裡多樹蔭保護，人又多些，應該安全。怎料取出三明治吃了兩口，又是噗的一聲，三明治被獵去了！不敢相信地望向天空，原來這裡不止一隻、而是一群鷺在盤旋覓食！

英文有一句諺語："Fool me once, shame on you. Fool me twice, shame on me!" 我懷著羞恥的心情，空著肚子乘電車回家。

日本的茶道文化源自京都，人在京都自然是大好機會一嚐各式抹茶、和菓子，又或是到有名茶室看看，體驗一下茶會。

抹茶生產及歷史

抹茶用的茶葉經過覆蓋栽培，採摘後經蒸青、烘焙、碾茶等工序成為抹茶粉。相信大家聽得最多是馳名的宇治茶。

有興趣了解抹茶的製作過程，京阪宇治駅旁邊的「茶zuna」交流館[1]是個不錯的地方。館外有一片茶園和休憩公園，環境不錯。四月中有摘茶葉體驗坊，而假日體驗坊還可讓人穿上採茶者的傳統服裝在茶園作業，令參加者更投入活動（或更加把勁打卡）。

去到宇治，當然也想逛逛平等院及 JR宇治駅一帶商店街的有名茶店。除了買抹茶、綠茶相關商品，不少可讓你在內享用菓子及一服抹茶[2][3][4][5][6]。

茶園

茶 zuna體驗博物館

京 就算記得大概名字，為什麼有時也會認錯那幾家有名茶店？

上林春松、上林三入還是お茶のかんばやし？辻利、祇園辻利還是辻利兵衛？就如其他成功的家族生意，後人因各樣利益或經營方針而分家，造成了這些名字相近，但其實又不是同一舖頭的謎樣姊妹店。如果是特別地找某家店的話，記得做足研究鑑證才入店。

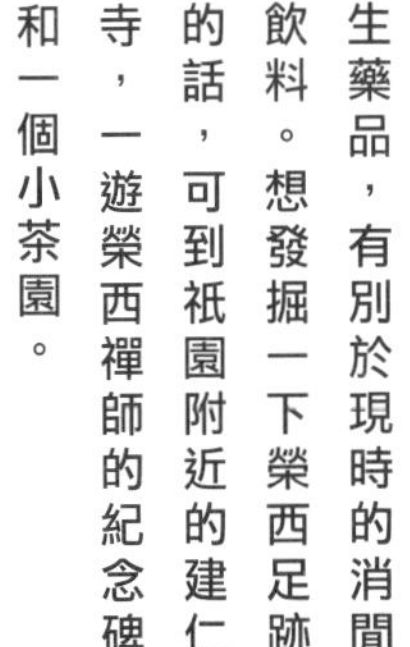

抹茶名副其實就是起了泡沫的綠茶。鎌倉時代初期由建仁寺禪師榮西把茶葉種子由宋國帶回日本，在他的著作《喫茶養生記》記載了栽培法及以粉末形式的飲用方法，那時的茶是養生藥品，有別於現時的消閒飲料。想發掘一下榮西足跡的話，可到祇園附近的建仁寺，一遊榮西禪師的紀念碑和一個小茶園。

榮西禪師茶碑

高山茶筅

關於抹茶

如果你也想自己泡製一碗抹茶的話，基本需要的是抹茶粉及一個竹製如小打蛋器的茶筅。正宗茶筅只有奈良縣生駒市高山町職人家族能生產，是一子相傳（即代代單傳）的手藝。買茶筅的話可留意有沒有「高山茶筅（或茶筌）」的商標，在京都抹茶店內不難找到。買抹茶粉的話，宇治當然有不少名店，例如中村藤吉[2]、辻利[3]、上林春松[4]、寺島屋彌兵衛[5]、福寿園[6]；京都市內也有不少有地位的老茶舖，如茶道藪內流家元御用的美好園[7]、裡千家元御好的丸久小山園[8]、表千家元喜好的柳櫻園茶舖[9]等。

宇治茶便是宇治產的綠茶吧？

宇治雖然有很多茶園，不過「宇治茶」原來不代表茶葉是由宇治出產的。它其實是一個品牌！京都府、奈良縣、滋賀縣、三重縣出產的茶葉由京都府內業者以源自宇治的製法加工，便可印上「宇治茶」這名稱。

辻利宇治本店

中村藤吉本店

為什麼有時菜單上的抹茶叫「薄茶」呢？

其實抹茶有分薄茶和濃茶。薄茶就是一般到茶店或餐室飲的抹茶，比起濃茶稀釋些，是平常場合飲用的抹茶種類。在隆重的茶事，庭主（茶事的主禮人）會奉上一碗濃得成糊狀的抹茶。傳統上是眾客人一起分享這碗濃茶，顧及衛生，飲用之後會用懷紙（即放在懷內的和紙）抹乾淨茶碗碰到嘴唇的地方，才傳給鄰客。

泡「薄茶」其實並不需要買最名貴的抹茶粉，可選擇名字中有「白」字的級別。通常名貴級別抹茶名字中會有「昔」字，泡出來的茶甘香，味較強烈，多用來作濃茶。

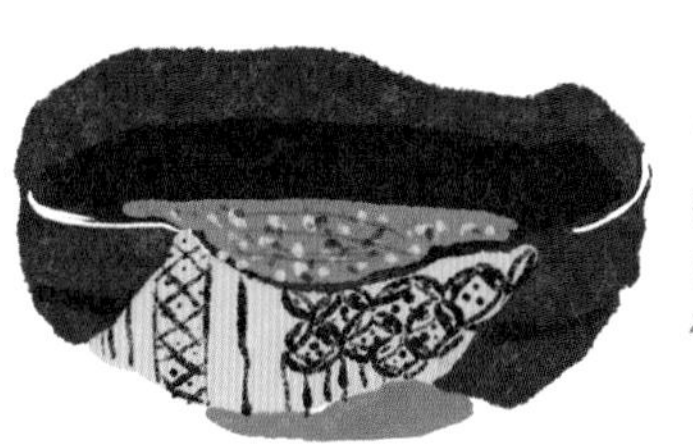

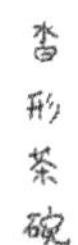

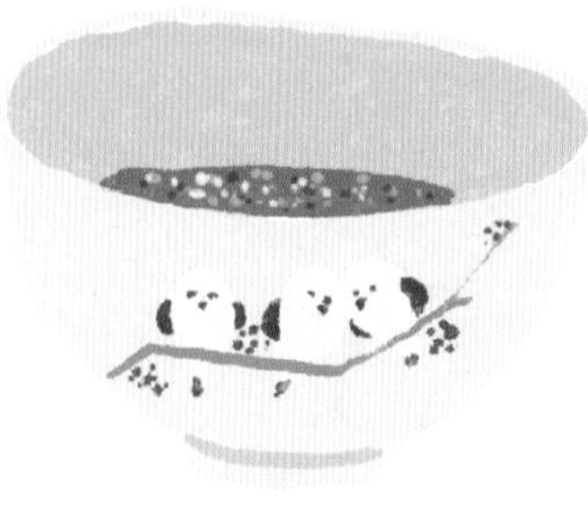

平茶碗

半筒茶碗

茶碗

喜歡茶道的人不免希望搜羅一些自己喜歡的茶碗。茶碗形狀各有其趣，較常見有碗形、井戶、沓形、半筒及平茶碗等。再講究一點，可考究茶碗是由哪個窰（窯）燒出。京都出名的京燒，是仁清時代京東陶瓷的總稱，包括清水五条坂附近的清水燒、樂燒等。宇治的朝日燒則出產由紅至灰色調的特有陶瓷器，就有如旭日初升的天空。想挑戰一下自己手藝做一隻朝日燒茶碗，可預約到宇治川側的朝日燒[10]工作坊！

朝日燒

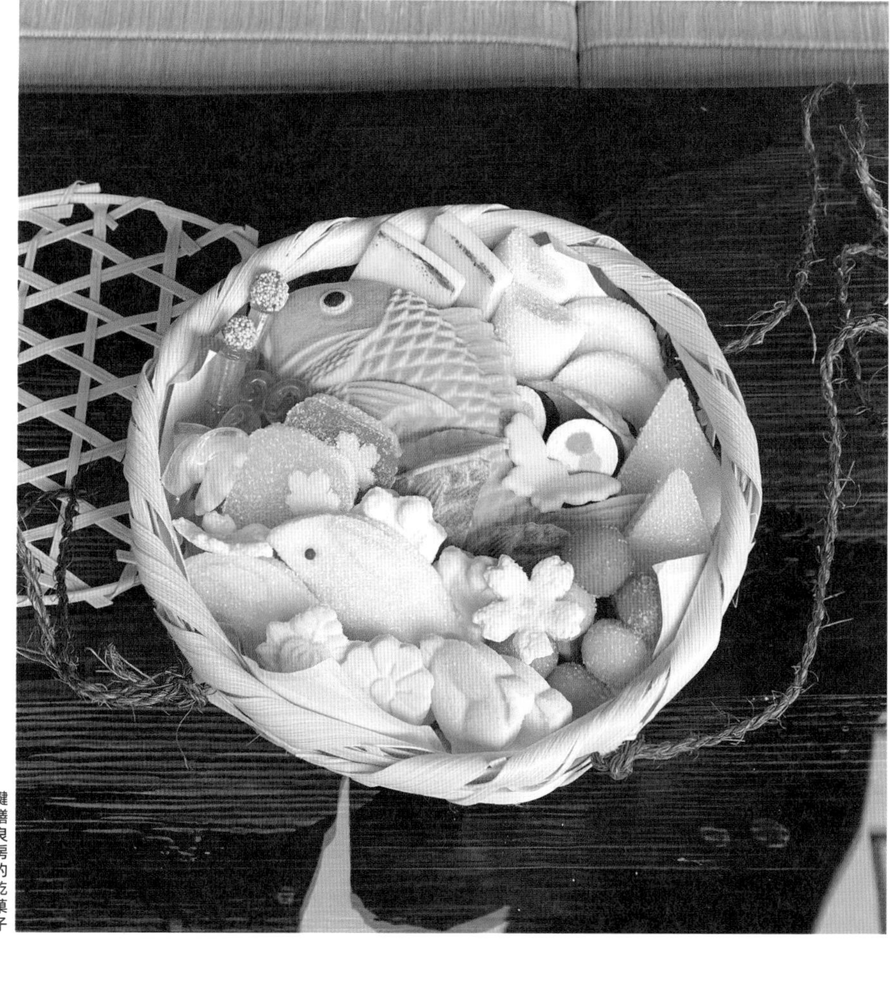

鍵膳良房的乾菓子

和菓子

經常聽到不喜歡吃的人說和菓子太甜，但其實和菓子與抹茶是苦與甜的最佳拍檔，一不離二。和菓子種類很多，大家常吃到的是草餅、大福、饅頭、金團（きんとん）是生菓子類，而最中、羊羹是半生菓子類，和三盆糖、落雁、煎餅、有平糖則歸類為乾菓子類。生菓子、半生菓子及乾菓子的分別主要是水分含量，當然亦會影響到賞味限期長短。「京菓子」是京都的驕傲之一；江戶時代，因防止和菓子粗製濫造，曾限制京都的菓子屋至二百四十八家；亦因此菓子製作技術更加精進。

仙大郎的ご存じ最中

仙大郎的水無月

仙大郎的柏餅

我還以為和菓子是生果來的……

和菓子是日本甜點統稱。但為什麼有菓子之名又沒有果子之實呢？古代日本人摘果實充飢，古時叫這類食品做「果物」。隨著文明進步，人們將果物碾碎、曬乾等加工以方便消化及儲存。於是這類經加工的非主食小吃，漸漸被稱為「菓子」。

我自己喜歡的和菓子屋首選是仙大郎[11]，其信念是「身土不二」，略意指人吸收來自土地上農作物的營養成為身體一部分，因此要珍惜來自地方的資源。該店和菓子選材講究，產地儘量來自京都府或日本國內，亦會選取最適合當季的原材料。例如ご存じ最中（即眾所周知的紅豆威化夾餅）的紅豆餡用上他們稱為天下第一的丹波大納言小豆，冰砂糖提煉自北海道的甜菜頭。五月慶祝兒童節的季節和菓子柏餅（一款以柏葉包裹著的糯米餅）用上五条「山利」的白味噌餡等。除此之外，我還喜歡六月特有的季節菓子水無月（三角形紅豆糕）及どら燒仙太（銅鑼燒）。他們的店舖往往是排長龍顧客絡繹不絕。

仙大郎本店｜出町ふたば
鍵膳良房四条本店｜栖園
茶室對鳳庵｜茶店美好園

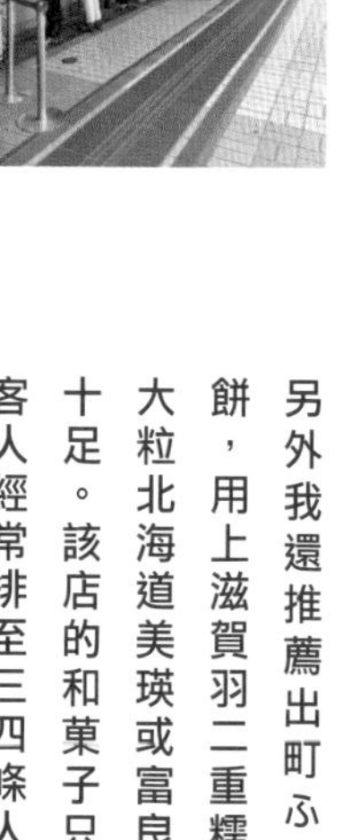

另外我還推薦出町ふたば（出町雙葉）[12]的名代豆餅，用上滋賀羽二重糯米的滑溜溜餅皮，薄薄地藏著大粒北海道美瑛或富良野農家的赤豌豆，外型誘人感十足。該店的和菓子只在京都市出町柳當店鋪販售，客人經常排至三四條人龍！

如果想找有氣氛的和菓子店在內享用，可考慮到祇園鍵善良房四条本店[13]或大極殿本舗六角店的栖園[14]，兩店也坐落在古老的町屋建築，邊吃著甜點邊看著壺庭（屋內有採光作用的小庭園）景色，享受四季五感。

順帶一提，很多生菓子只能即日享用，所以來京都是一個好機會吃到這些新鮮地道和菓子，但若想送禮的話要看清楚賞味期限。

茶室的床の間

茶室內

茶會體驗

如果你是終極體驗派，可能也想試試參加茶會，感受那傳說中「一期一會」的茶席。京都有一些茶室接受外國賓客來參加茶會，例如宇治市營茶室對鳳庵[15]又或是京都市下京區的茶店美好園[6]。

京 在茶室裡，有時會看到掛著「一期一會」的卷軸。是什麼意思？

「一期一會」是佛教的禪語，意思是一生只有一次的聚會。茶道興起的日本戰國時代，因戰亂無常，每次的聚會也可能是最後一次，為勉勵人珍惜當下，茶室有時會掛上這禪語。

茶會除了品茶外，其實也是欣賞茶室內擺設、環境及各種茶道具的好時機。從以上種種及亭主的所作去感受他的一番心意，便更能夠珍惜這一期一會體驗。

雖然不同宗家流派的茶會作法不同，作為初次到訪體驗的客人，記著以下幾點應該也足夠：

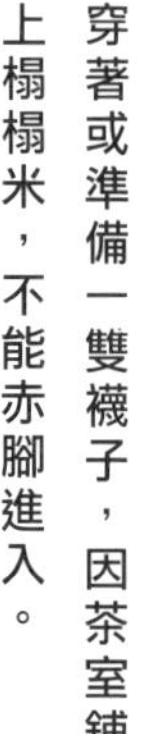

穿著或準備一雙襪子，因茶室鋪上榻榻米，不能赤腳進入。

當亭主或助手奉上和菓子、抹茶時，同步地向他們鞠躬感謝。

和菓子會先奉上，應在抹茶準備好前把它吃完。

喝茶時用右手拿起茶碗放在左手掌上，順時針將茶碗轉兩下，以避開正面。

敬禮後以兩口半喝乾抹茶。

抹茶喝完後在把茶碗逆時針轉兩下，將正面對回自己，把它放在面前的榻榻米的線外。

宇治市觀光點

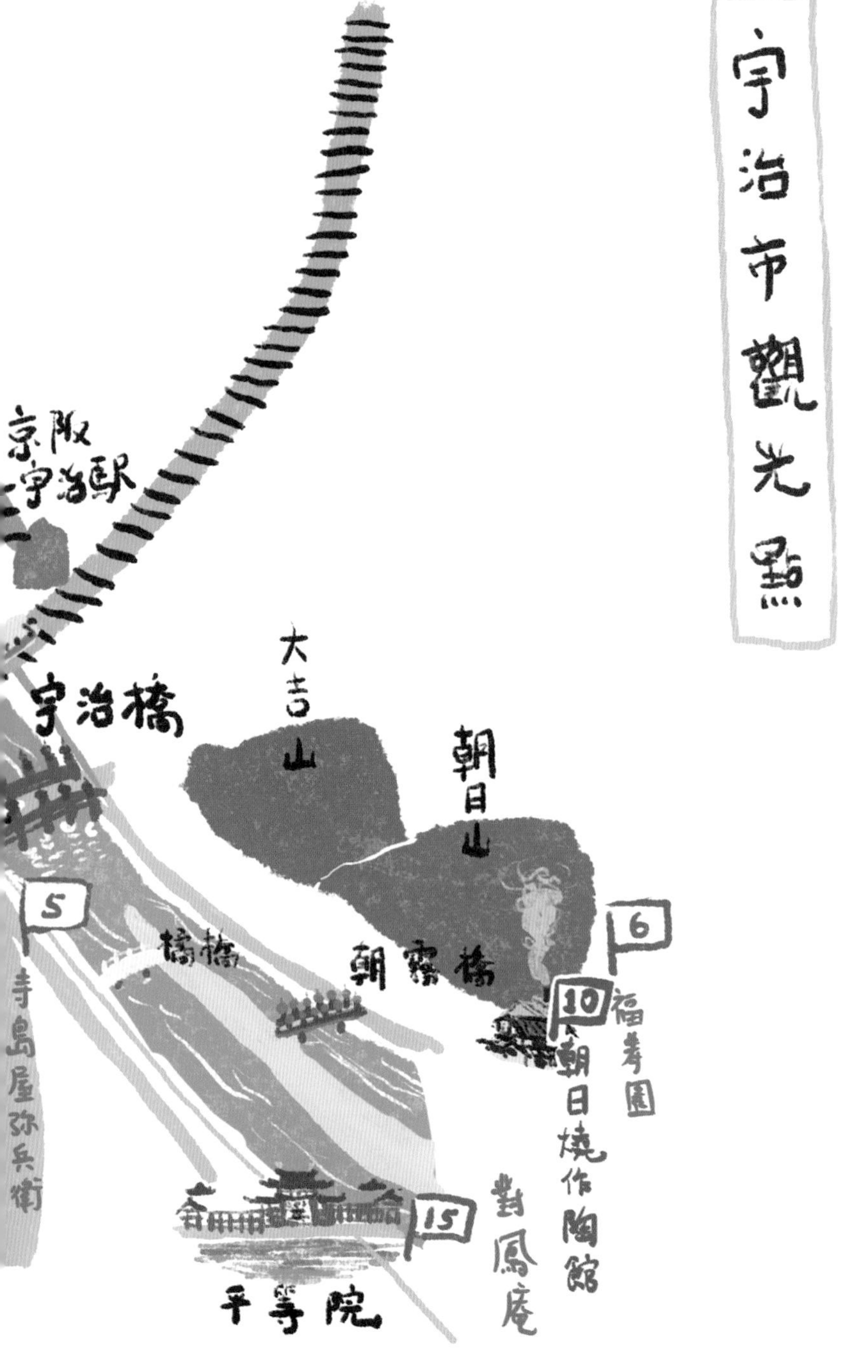

本篇介紹地點：

1 「茶 zuna」交流館

2 中村藤吉 本店

3 辻利 宇治本店

4 上林春松 直營小賣店

5 寺島屋弥兵衛商店

6 福寿園 宇治茶工房

7 美好園茶舗

8 丸久小山園 西洞院店

9 柳櫻園茶舗

10 朝日燒作陶館

11 仙大郎 本店

12 出町ふたば

13 鍵善良房 四条本店

14 大極殿六角店 栖園

15 對鳳庵

Google 地圖

京都生活小記

日本茶與 Green Tea

談起日本茶，第一印象當然是綠茶。以前買茶包也只留意到有煎茶、玄米茶或焙茶。很表面地認識，煎茶便是一般的日本綠茶、玄米茶便是加了炒米有爆米花味的綠茶，而焙茶則是淺棕色的綠茶。

數年前，因為帶學生到日本交流，曾到訪茶園摘茶葉及參觀茶葉處理過程，才較為深入認識日本茶。個人第一大誤解是以為不同種類的茶是由不同種類的茶樹出產。其實茶樹只有一種，普洱茶、龍井、烏龍茶、煎茶，甚至乎大吉嶺紅茶，也是用同一種茶樹的葉，以不同步驟的處理製造出來！日本綠茶是沒發酵的茶，茶葉採摘後經蒸氣加熱令它停止發酵，再揉捻及焙乾。以前很天真地以為把摘下的茶葉曬乾便可飲用，不是那麼簡單的！

搬來了宇治居住後，經過茶園發現上面設有一些黑色膠網，原來因應不同的茶葉產品而要在採摘前以這些膠網遮蔽日光！遮光的原因是減少光合作用，可令茶葉帶更大的鮮味（旨み）而少些苦澀。玉露及抹茶就是經這遮光程序製成的茶葉。

若你到日本茶店說想買 green tea的話，他們可能會拿出一包甜綠茶粉給你，原因是日本人稱用茶粉泡、已加了糖作凍飲用的綠茶做 Green tea（グリンティー）。通常這些 Green tea可以用來泡抹茶牛奶，或只是加冰開水喝，是京都夏天的人氣凍飲！

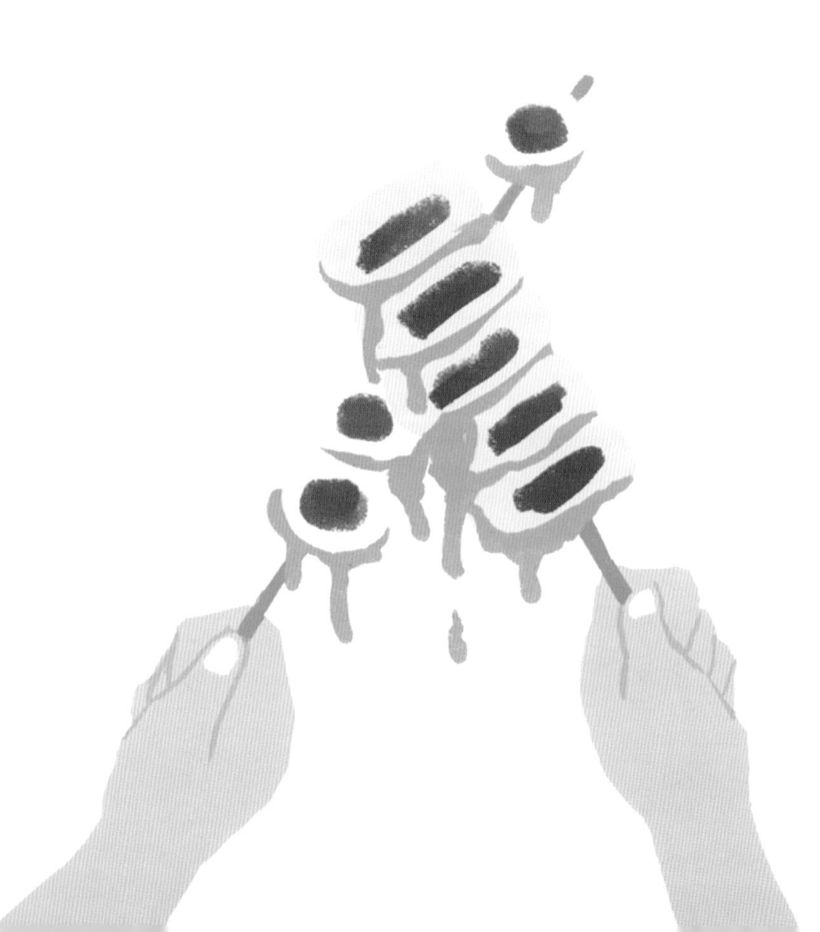

京都生活小記

御手洗團子

雖然大部分和菓子是甜點，用來配抹茶，好像我們飲涼茶吃嘉應子一樣，但也有一些鹹點和菓子，作為小食充飢是不錯選擇。我太太和 mini 最喜歡的一款鹹點和菓子是「御手洗團子」（みたらし団子）！它外形似一串魚蛋，五粒糯米糰串在一枝竹籤上。味道及口感其實有些像煎腸粉，彈牙有嚼勁，表面稍為燒焦，再淋上甜豉油和葛粉調成的糊狀芡汁，鹹中帶甜。記得 mini 還是幼稚園生時，我們一家探訪大阪的岳父母，也曾試過吃這味御手洗團子作午餐。我當時還接受不了以和菓子充飢作午餐，不禁想起叫肚餓的人吃蛋糕的法國皇后瑪麗安東妮……

現在住在京都，不時會到糺之森及下鴨神社散步。偶然之下發覺原來下鴨神社就是這味御手洗團子的發源地！據說名字裡的「御手洗」就是來自這裡的御洗手池。傳說後醍醐天皇到這裡行節禮儀式時，用那池水洗手時發現一個氣泡冒出，之後還有四個小氣泡緊跟隨出來。為紀念這件逸事，社內開始賣起一串五個的白團子，往後這御手洗團子便廣傳各地。

某日我到下鴨神社隔壁老舖「加茂みたらし茶屋」，一嚐這發源地的御手洗團子，細心看看那一串五個團子，頭一個竟和其他四個隔了一個空隙，真是有趣的細節！

不過，將這御手洗團子帶回家時，太太和 mini 也不以為然，在他們心目中，御手洗團子應該是長筒型（日文叫「俵型」）而不是球體，那形狀是出自大阪馳名的喜八洲總本舖御手洗團子。先入為主，也是沒辦法了。

銅鑼燒

我想我第一款認識的和菓子應該是銅鑼燒吧？在叮噹漫畫裡，小叮噹最喜歡吃的就是銅鑼燒了！中文翻譯本上，它不是叫做銅鑼燒而是豆沙包。小學時看到漫畫中的豆沙包和我所認識的茶樓豆沙包外形很不同，一直以為是翻譯者搞錯了（我記得也有一些版本翻譯成「燒餅」），直至我在銅鑼灣的日本百貨公司買下第一個銅鑼燒才恍然大悟！

我對銅鑼燒的第一印象不是很好，甜的皮包著甜的餡，實在太甜。不過到日本時吃過好吃的銅鑼燒，我改觀了！要點在於皮與餡的配合。我覺得皮軟而鬆加上有些許澀味的紅豆餡（豆是豆蓉而不是豆沙）最好吃。到奈良時看到他們賣的銅鑼燒非常巨大，比一般大四倍！看看名稱，原來他們不叫銅鑼燒而是「三笠燒」！據說以外形比喻奈良名勝若草山（別名三笠山）。我吃過最特別的，要算京都笹屋伊織版本的銅鑼燒了。以竹葉包裹的長條外形，皮是在銅鑼鐵板上燒完再層層捲上豆沙餡！不是經常可以買到，一個月裡只有二十一日及前後一天才發售。這銅鑼燒原是店主為東寺和尚造的齋點銅鑼燒，不含動物成分材料，以前只在佛法大師空海的命日（二十一日）發售，是幻之銅鑼燒也！

說到這個，上網找了一陣子也找不到廣為人知的叮噹法寶「誠實豆沙包」的日文名稱。原來那根本不是叮噹的法寶，而是周星馳在《整蠱專家》裡惡搞叮噹的自創道具！想想倒也有道理，喜歡豆沙包的小叮噹是不會「不誠實使用豆沙包」啊！

麵包與咖啡

麵包與咖啡可以說是我生命的基本元素。以往還未搬到京都前，到京都時總喜歡到咖啡店閒坐，喝喝那些較偏苦的日本咖啡，又或是挑選一些精美的麵包店買翌日早餐麵包。搬來京都後仍然維持著差不多每日的咖啡店及麵包店巡禮，赫然發覺京都咖啡與麵包寶庫深不見底！原來京都有約二千家咖啡、喫茶店，日本國內名列前茅。而且根據日本總務省統計局二〇一九至二一年的家計調查，京都市民消費於咖啡的金額及咖啡豆重量都是全國之冠！京都人對麵包的狂熱也毫不遜色，據說消費量也是全國第一。

京 為什麼日本咖啡總是比較深色及苦？

日本人喜歡「深煎」咖啡（即烘焙時間比較長的咖啡豆），沖出來的咖啡比較黑而苦。據咖啡愛好者說這和日本飲用水是軟水有關。以軟水沖淺煎咖啡的話，出來的咖啡會太酸，反而蓋過了咖啡香味。而且深煎咖啡雖然味道比較濃，但原來咖啡因反而比淺煎咖啡低。

咖啡店介紹

在眾多咖啡店裡，我的心靈歸宿是四条河原町老鋪フランソア喫茶室（François）[1]。它有九十年歷史，曾是昭和時代的文藝人士聚腳地，於言論不自由的戰時日本高談闊論反戰及前衛藝術等議題的地方。咖啡

フランソア喫茶室

店內是古式西洋風，白色天井配深棕色木枱及深紅色天鵝絨椅子，有些像進了一所小教堂。店員服飾也很有中古女僕的樸素風格。我最喜歡坐在那彩色玻璃窗旁的半自閉位或是左邊客廳近庭園的位置，喝著黑咖啡，耳邊聽著古典音樂的 BGM，是滋潤心靈的好方法。還有，那裡的洋梨塔也十分好吃。

另一個我常去的老店子是在河原町、三条交叉點的六曜社珈琲店[2]。那裡分地面店（可吸煙）及地下的 coffee and bar（非吸煙）。我推薦地下店，那條通往地牢的樓梯好像帶我回到七十年代，牆上鋪了綠瓷磚及貼滿文化表演廣告。走進店內迎來一片昭和氣氛，長長吧枱加上幾個沙發椅，架上放滿威士忌。咖啡豆是我喜歡的深煎烘焙混合豆，我亦愛點一份那裡自家製的甜甜圈送咖啡。店主オクノ修（Okunon

六曜社珈琲店

店主オクノ修

六曜社
COFFEE & BAR

Osamu）先生待客有原則亦細心，親自手沖每一杯咖啡。忙碌時會和客人說：「要等很久也沒有問題嗎？」オクノ修先生原來是創作歌手，有機會也想聽聽他的歌聲。

鍾情老店三號是在寺町商店街的Smart Coffee[3]。一九三二年創業，人氣鼎盛，經常需要排長龍。店內是舊式木與磚混合設計，簡潔優雅歐陸風。那裡的咖啡豆也是一直自家烘焙。名物除咖啡外，便是那厚厚的熱香餅了。肚子較餓或需要一些甜點去慰藉的話是不錯選擇，店鋪二樓亦有午餐供應，是傳統的日式西餐。

第四家推薦的也是老店，坐落在出町柳鴨川三角洲附近的 Coffee House Maki[4]。該店建於一九六三

Smart Coffee

年，店鋪細長，前門對正賀茂川，後門通至附近商店街的大道。內部裝修具六、七十年代氣氛，坐近正門的話有落地玻璃窗及挑高空間，每小時聽到古老大鐘報時，也能看到幾個巨大的玻璃漏斗正滴漏著Dutch coffee。我喜歡正是這裡的冷飲Dutch coffee，深黑濃厚而甘香。Pound cake也價廉物美，若想吃得豐富些的話，可以點他們的出汁煎蛋三明治，高湯調出的蛋漿有香味而又滑溜。在鴨川散完步或到下鴨神社、糺の森散策（源於日本詞句，相較於「散步」，更帶有一邊欣賞四周景致的意味）後，來這裡坐下喝咖啡及吃些小食，是我的自動選項。

京 究竟是日本先把coffee叫「珈琲」，還是中國先叫「咖啡」？

日本幕府時代末期蘭學家宇田川榕菴先把coffee以漢字發音叫作「珈琲」，除發音類近外，字面意思是髮簪上的飾物，亦比喻了咖啡豆及樹枝的形態。中國則是在民初將「珈琲」這漢字叫法傳入，改了口字旁，寫作「咖啡」。

另外喜歡的還有甜點很出色的格調小店ha ra[5]、坐落在小公園旁咖啡好喝佈置可愛的KAEru coffee[6]，及由町屋改裝、擁有幽靜壺庭的cafe marble 仏光寺店[7]。當然京都馳名的Inoda coffee[8]及小川珈琲[9]有多家分店，也是喝喝咖啡吃些小甜點的好落腳地。

麵包是我的重要食糧。來到京都後，麵包舖的選擇就好像打開一片天！日本稱麵包做パン（pan），據説是由葡萄牙語麵包的pão而來。麵包店的日文便是パン屋（pan ya），即麵包屋。如果是專賣法式麵包的店，很多時會以法文Boulangerie命名，若是賣德國麵包的話，則會寫上德文Bäckerei。以下是幾家我喜歡的麵包店。

咖啡店介紹

Boulangerie Liberte[10]

應該是我的第一位了！那是在寺町通的一家法式麵

Boulangerie Liberte

京 為什麼法國麵包有的叫 baguette バゲット，有的叫 batard バタール，有的叫 boule ブール？

這主要是和形狀有關。baguette バゲット是長條型，batard バタール包身較為短及肥，而 boule ブール則是圓形的法包。

baguette

batard

boule

包小店，當然要推薦那裡的傳統長法包（トラディショナルバゲット），又硬又有麥香！另外我也喜歡燕麥包（ライ麦パンオセーグル）及那形狀如一把葵扇的乾果法包（ドライフルーツフーガス）。店鋪裝修很有法式風情，付款處還有一個棗紅色天鵝絨矮凳，供客人暫放手袋背囊，體貼又優雅。

另外一家很喜歡的小店叫 Artisan'Halles[11]。門面不太像麵包鋪，反而像一間藝廊：一塊茶色落地玻璃窗旁設了一度重重木門。推門入內看到一隻小朋友騎的木馬，麵包則放在設有鐵架的高木枱上。雖硬但麥味香濃，是指定推薦。我特別喜歡那裡的法式鹹派（quiche），香濃可口。香腸包、奶油包又或是各款丹麥酥皮餅也十分有水準。

Boulangerie Liberte

Le Petit Mec

Le Petit Mec[12]是有名的京都法國麵包店，分店在日本的大城市也能找到。他們的長法包有兩種款式：長法包（バゲット）及田舍風長法包（バゲット リュスティック）。最大分別是在外形上，長法包是成了形再發酵、包面上切了幾個口（法文叫 coupé），而田舍風長法包則沒有成形、包面亦沒有切口。兩款的口味類近，皮硬且脆，內裡軟綿綿有很多發酵氣孔。另外我也推薦一款叫 miche（ミッシュ）的酸種燕麥包，皮厚甘香，內裡包肉發出開胃的酵母酸味。那裡的牛角包奶油香味濃郁，也是不錯選擇。

京 在麵包店內有時看到寫著「京小麥」做的麵包，味道有特別嗎？

日本的小麥多出產於北海道，傳統以來比較適合做麵類食品而不是做麵包。在最近數年研究下，京都也開始培養出適合做麵包的小麥。在麵包店內看到「京小麥」做的麵包，不妨一試！一來支持地產地銷，而且京小麥有Q彈有嚼勁，吃起來有特別風味。

fiveran

玉木亭

fiveran[13]是一家充滿創意的京都麵包店。店內的麵包很多也可以試吃，師傅希望訪客從試吃中了解到他們做麵包的心思。其中最突出商品是一款印了貝殼形狀的奶油包（パティシエール），彈牙外皮包著充滿香草香味的卡士達。我最喜歡是那裡的明太子法包，包身很肥，兩端卻搓成長長的辮子；明太子配上麥香的脆皮法包是一絕。

宇治也有一所名氣很大的麵包店叫玉木亭（たま木亭）[14]，早晨或假日經常排長龍。他們的麵包是「門外不出」，即是除了本店之外其他地方如百貨公司等也買不到。包的餡料變化很多，咖喱包（カレーパン）及香草號角包（クニャーネ）很有人氣，我卻喜歡他們的黑豆卡士達硬法包（丹丹フランス）、長法包（バゲット）及農夫包（カンパーニュ）。

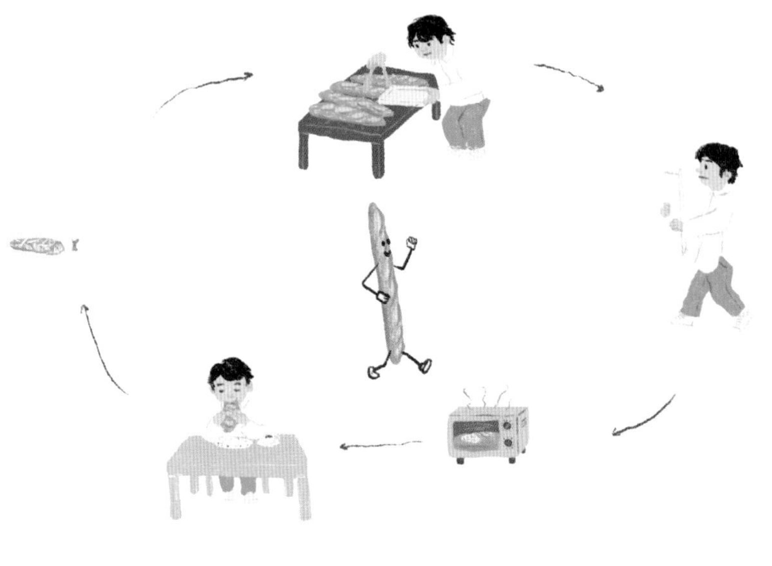

雖然我是「熱血硬麵包派」，偶爾也會想吃吃一般的鬆軟日式麵包，如紅豆包、蜜瓜包、奶油包、咖喱包等等。京都裡的兩大麵包店志津屋[15]及進々堂[16]也是吃一般種類日式麵包的不錯選擇。志津屋分店多，而且不少是在鐵路站內，方便你隨時「補給」。進々堂則是比較高級、附有餐廳的百餘年老舖麵包店，可供坐下吃麵包喝杯咖啡，享受寧靜一刻。

京都是麵包的激戰區，名店林立，不能盡錄。而且很多麵包店在過時過節也會推出一些特別麵包，又或是當季新鮮食材做出的麵包款式，充飢之餘也是味覺巡禮。

京 為什麼買長法包時店員除了放入長紙袋外，有時會附上一個捲好了的塑膠袋？

那塑膠袋是為保存第一日吃剩的法包所用的。尤其是天氣比較乾燥的日子，法包第二日很容易變硬，將它放入塑膠袋可保存水氣。

中京區河原町、寺町珈琲與麵包店

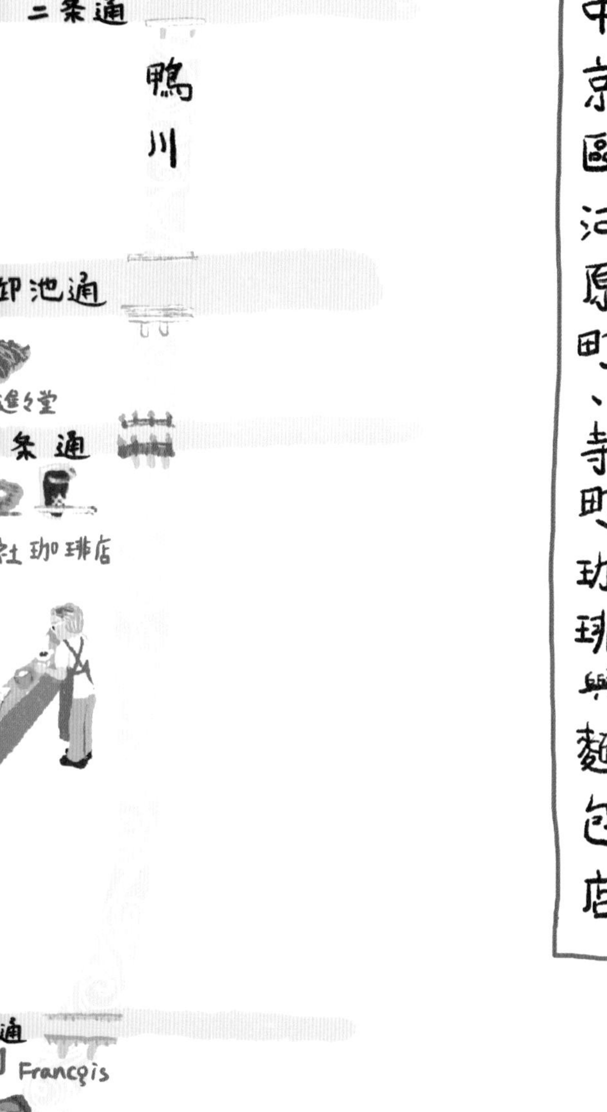

Liber

10

志津

三条

高島屋

本篇介紹地點：

1 フランソア喫茶室

2 六曜社珈琲店

3 Smart Coffee

4 Coffee House Maki

5 ha ra

6 KAEru coffee

7 cafe marble 仏光寺店

8 Inoda coffee

9 小川珈琲 堺道錦店

10 Boulangerie Liberte

11 Artisan'Halles

12 Le Petit Mec 御池店

13 fiveran

14 玉木亭

15 志津屋 京都駅店

16 進々堂 三条河原町店

Google 地圖

京都生活小記

洋菓子屋村上開新堂

雖然家住宇治，我也時常為去咖啡店而入京都市。其中一家是坐立在寺町通的村上開新堂。嚴格來講它不是一家咖啡店，而是一家附設咖啡閣的洋菓子店。不單如此，它還是日本最古老的洋菓子店呢。

推門進入這家有過百年歷史的洋風木造白色店鋪，迎來是一連幾個古式玻璃櫃，內裡陳列著洋菓子商品。「洋菓子」即我們叫的「西餅」，如蛋糕、塔、曲奇等等。村上開新堂的名物是一款叫「俄羅斯蛋糕」的洋菓子。於港台旅客看來便有如一些外貌比較精美的曲奇餅。不同之處除了它是由俄國傳入外，原來製法上也很講究：先把曲奇餅底在烤爐烤一次，再加上有如 macaroon的蛋白以及果醬、果實等，再放入烤爐多烤一次！

咖啡閣是從店子直入，經過一條窄窄的石版走廊，是一棟翻新的和式建築，據聞已有九十年歷史。脱去鞋子換上拖鞋，登上平台。我最喜歡的位置是面向庭園的沙發雅座。坐下喝咖啡，當然選擇了跟俄羅斯蛋糕的甜點組合！供選擇的味道有：杏桃、提子乾、提子果醬、柚子果醬及巧克力。奉上的咖啡及甜點以vintage北歐餐具盛裝，配上一杯冰水。慢慢喝著咖啡、吃一口俄羅斯蛋糕、凝視屋內庭園景緻、閱讀帶來的書本，再瞥一瞥咖啡杯裡的翠綠倒影，就是我感受到滿滿幸福的一刻了。

祭典與傳統演藝

祇園祭山鉾巡行

祭典

京都是千年古都，傳統祭典與活動目不暇給；最鼎盛的有所謂京都三大祭，就是葵祭、祇園祭及時代祭，加上盂蘭盆的「五山送火」，合稱為四大行事。除此之外，京都年中還因應季節傳統衍生非常多有趣的活動。有機會來體驗一下，感受古京都的風雅生活。

十日惠比壽大祭（十日ゑびす大祭）：一月八日—十二日

惠比壽是日本的財神，七福神之一。他居住於海上，身穿平安時代狩獵衣服；右手握著魚竿、左脇夾著一尾鯛魚，寓意魚作豐收。傳統上他是保佑商業繁盛、航海安全的神靈。每年一月八至十二日京都市建仁寺旁的惠美須

巫女淨化小竹儀式

恵美須神社

神社[1]會舉行十日惠比壽大祭，很多剛過完年的居民為求新一年生意興盛、財源廣進，都會過來拜祭及求一株掛滿吉祥飾物的小竹（吉兆笹）。據傳小竹代表惠比壽的那枝魚竿，是財神緣起物。每枝小竹也經巫女作法搖鈴淨化（碰到適當時段更可從舞妓手中接受小竹）。除此之外，還可以為小竹配置不同款類的緣起物，如寶船、熊爪、搖鈴、小鎚、鯛魚等，感覺頗像為聖誕樹掛上飾物一樣！恵美須神社外的大和大路通，在那幾天沿路會設置很多臨時攤位，讓人邊行邊吃，再到神社求個財運亨通家宅平安，求一株吉兆笹回來，氣氛很像年三十。

十日惠比壽大祭

巫女作法淨化小竹

節分祭：二月二日—四日

節分是兩個季節的分界。日本通常有特別活動的是立春之前的節分。平安時代皇宮中有所謂「追儺」的大除夕驅除惡鬼疫病儀式，後來民間演變成在節分驅除那些趁換季空隙偷襲的鬼疫。有小朋友的家庭，通常爸爸會戴上面具扮惡鬼，其他家庭成員便會一邊向惡鬼撒豆一邊喊著「鬼在外、福在內」。這些烘過的大豆，日本人叫福豆，他們還會跟自己年齡吃一樣數目的「福豆」以保佑身體健康。想獲授予福豆的話，可參加各大神社的節分祭撒豆儀式。有些神社如北野天滿宮[2]或八坂神社[3]更會有舞妓、藝妓撒豆呢。很多佛寺亦有節分追儺式，其中廬山寺[4]的追儺式鬼法樂，赤、青、黑三隻惡鬼手持火把、大斧及大槌登台舉行一場鬼舞會（鬼おどり），追儺師更會向東南西北中五方向發箭降伏邪靈，十分有氣勢。

八坂神社節分祭

廬山寺追儺式鬼法樂

葵祭路頭之儀

葵祭（五月十五日）

葵祭是賀茂社（上賀茂神社[5]及下鴨神社[6]）的例祭，亦稱賀茂祭。有千多年歷史，緣由是欽明天皇為天候不順至農作物大失收而作的祭祀，向賀茂神祈求風調雨順、五穀豐收。這個祭典亦記載於古典文學如《源氏物語》、《枕草子》、《今昔物語》，古時說及「祭」，就是指賀茂祭了。祭典每年會選出一位未婚的京都女子擔當「齋王代」，作為葵祭儀式的代表；在巡行（路頭之儀）的女人列作中心人物。巡行十點半在京都御所建禮門[7]出發，行列者有五百餘人，都穿上平安時代服飾，分本列及女人列兩組。本列有警衛、運送天皇供奉物品及馬匹的役人、隨從、舞人、牛車及裝飾了美麗花朵的傘子（風流傘）。女人列有中心人物齋王代乘著一輛叫腰輿的車橋，隨行還有宮女、叫「命女」負責神事供奉的女貴族、騎女、童女等等。行列長約一公里，由御所出發，經過京都市的街道再到下鴨神社及上賀茂神社進行社頭之儀。御苑內有付費的嘉賓席，而在行列經過的路段都可站在旁邊免費觀看，感受一下猶如古日本王朝繪卷一樣的巡行隊伍。

什麼是「齋王代」？

「齋王代」是「齋王」代理之意。以往齋王是由內親王（天皇的姊妹或女兒）擔任，在祭典之前要齋戒及以鴨川河水淨身，作為服侍神靈的「神之拐杖」。後來因為武家政權當道而取消了葵祭的齋王角色。戰後日本希望復興傳統文化，以京都居住的未婚女性平民中選任為「齋王代」，代表原本的齋王。京都有不少女性也夢想成為齋王代，但這也不是一件輕鬆的工作！舉行儀式時要穿上平安時代的十二單衣，重約三十公斤，還需要兩人輔助以三個鐘頭時間穿上。

風流傘

齋王代的腰輿

長刀鉾
鷹山（曳山）
橋弁慶山（舁山）

鶏鉾

白樂天山

函谷鉾

祇園祭（整個七月）

祇園祭除了是京都三大祭之外，更是日本三大祭之一，為八坂神社[3]的祭禮，起源於御靈信仰，相信怨靈化疫神為京城帶來厄災而以祭典超度他們。祇園祭歷時一整個七月，一日至十七日是前祭，而十七至廿四日是後祭。祭典的搶眼角色可以說是那三十四座叫「山鉾」的花車。山與鉾是兩類花車，鉾通常比較大一些，最重的達十噸，屋簷上有一條很高的「真木」，配置巨型車輪以人力拉動；山則有分曳山及舁山。曳山和鉾很似，不過以一株松樹取代真木，舁山則較小如一台轎，由人抬著移動。山鉾裝飾美輪美奐，各有主題故事；沿著巡行路線慢慢逐一欣賞是一件樂事。在巡遊前的數天亦可到各山鉾的配置地點觀看製作過程及買御守、粽子等記念品。有些更開放讓人到內參觀，甚至在「曳初」儀式供遊客試行拉曳。晚上有稱為「宵山」的夜市，山鉾會點上燈籠及在附近設有飲食攤位。前祭的山鉾巡行在十七日上午，同日黃昏舉行神幸祭：由八坂神社出發的三個神壇（神輿）會運送到位於四条寺町的「御旅所」[8]（神社外的社殿）。神壇一直會留在御旅所至二十四日的後

御旅所

祭，早上後祭的山鉾巡行過後，黃昏才將神壇運回八坂神社，這儀式叫還幸祭。

祇園祭販賣的粽子可以吃嗎？

不可以吃，這是掛在門口作除厄用的飾物。傳說疫神牛頭大王會保護以茅草紮成卷作記號的人，而茅卷的日文發音（ちまき）和「粽」相同，所以這些小茅卷御守後來改叫成「粽」了。

為何除厄粽上有時會寫上「蘇民將來子孫也」的字牌？

平安時代人們將當時流行疫病歸咎於古印度疫神「牛頭天王」，傳說一位叫蘇民將來的窮家子弟因曾照顧過到訪的牛頭天王，因此若認自己是「蘇民將來子孫」，把附上這告示除厄的粽子掛在門口的話，便可得到牛頭大王保佑，避過流行疫病到訪。

五山送火（五山送り火）（八月十六日）

每年八月京都有盂蘭盆（即中國的盂蘭節）活動。各善眾會迎接祖先從「那個世界」來到「這個世界」探親，京都人稱祖先的魂魄為精靈先生（オショライサン），迎來的精靈先生會供養到八月十六日黃昏，再把盆花及團子等供品放流至鴨川及堀川。在那晚八時起，以大文字、妙法、船形、左大文字、鳥居形順序，二十分鐘內在京都市內五個山脈用火把燃點起以上記號，象徵送別先祖精靈先生回到「那個世界」。

京 五山送火不是舉行在五個山上的嗎？

雖說「五山送火」，但其實有六個記號：大文字[9]、妙[10]、法[11]、船形[12]、左大文字[13]及鳥居形[14]。妙、法分別在松ヶ崎西山及東山；大字的山有兩個：如意ヶ岳的大文字山（大文字的）及大北山大文字山（左大文字），看清楚兩個大字的字型有所不同。

五山送火起源於江戶時代初期，演變自千燈會、萬燈會等儀式；原意是以火照明引路，送先祖回到那個世界。

要在八月十六日一晚內看到五山送火的六個記號有些難度，不過最理想的地方可能是登上將軍塚青龍殿大舞台[15]。那舞台建於東山山頂的懸崖上，可以一覽五山送火的六個記號！另外京都塔[16]上也能一覽全景，不過想到這兩處地方觀覽可要先預約呢。

五山送火（鳥居形）

時代祭（十月十二日）

時代祭是平安神宮的秋季代表祭典，由平安京（即京都）建都一千一百年的紀念日那時開設，已有百多年歷史。中心活動是穿著古裝服飾的「時代行列」巡行。它分成八個時代、共二十組，由江戶倒數至延曆，而且當中有一些出名歷史人物登場，如紫式部、出雲阿國、足利義昭及坂本龍馬等。行列長約二十公里，由二千多人組成，十二時由御所建禮門[7]出發，約四時到達平安神宮[17]。除了設有收費觀覽席，還可以在沿路觀看。這不單單是古著 cosplay，時代行列的服飾是經過嚴謹的時代考究，亦因為京都擁有傳統工藝技術，得以復原當時的裝扮，行列表演者亦用上了半年時間練習穿衣及巡行方式，一絲不苟。

時代祭紫式部及清少納言

藝妓表演

談到京都的傳統文化演藝，真的是林林總總，其中最吸引外國人大概是藝妓的歌舞表演。一般人除了在京都的花街碰到藝妓外，若想深入些看藝妓表演，可要經茶屋熟客的朋友邀請，又或是報一些開放給外國遊客的藝妓御座敷體驗宴。不過論規模及製作，應該很難敵得過幾個在劇場舉辦的舞會。

為什麼有時日本人會叫藝妓做舞妓？

舞妓其實是初級藝妓，很多是由全國初中或高中生決志到京都的「屋形」學藝入行。成為舞妓前還雖學習行儀作法，那階段的學徒叫「仕込みさん」。學有所成才可出店成為舞妓，到茶屋表演及招待客人。舞妓的服裝打扮亦和藝妓不同，穿的和服叫「裾引」，鮮色而且衣袖很長，腰帶長約五米，垂釣在背後。髮髻以自己的頭髮紮成，插上每月不同的髮簪。藝妓則穿黑或藍色的一般著物，腰帶較短在背後結成一個叫「太鼓」的結，頭載假髮亦不會插上太華麗的髮簪。

南座的早春夢舞台

早春夢舞台（二月下旬）

一年最早的花街大型舞蹈演出，由京都的五花街合同公演，迎接春天。每條花街的年青藝妓、舞妓會負責一段演目，表演場地是四条祇園的地標南座[18]。

> **藝妓出沒的花街就是在祇園一帶嗎？**
>
> 其實京都有五條花街，即五個藝妓區域，亦是五個組織。五花街分別是祇園甲部[19]、先斗町[20]、祇園東[21]、宮川町[22]、上七軒[23]。除了上七軒在較遠的北野天滿宮附近之外，其他也是在祇園附近一帶。

五花街亦有各自舉辦舞會，分別是祇園甲部的都舞會（四月）、先斗町的鴨川をどり（五月）、宮川町的京をどり（四月上旬）、上七軒的北野をどり（三月下旬至四月上旬）及祇園東的祇園をどり（十一月上旬）。

都舞會總舞衣裝

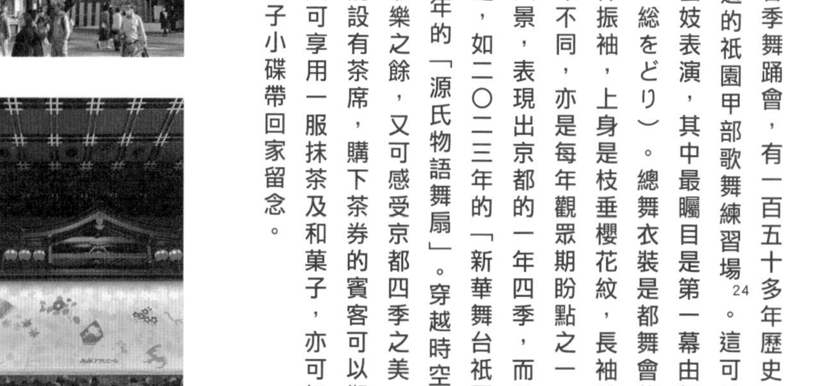

都舞會（都をどり）（整個四月）

祇園甲部主辦的春季舞踊會，有一百五十多年歷史。會場在花見小路通的祇園甲部歌舞練習場[24]。這可以說是最多人看的藝妓表演，其中最矚目是第一幕由舞妓們主演的總舞（総をどり）。總舞衣裝是都舞會的招牌青葱色京友禪振袖，上身是枝垂櫻花紋，長袖及裙脚的花紋則每年不同，亦是每年觀眾期盼點之一。整個都舞會分為八景，表現出京都的一年四季，而且每年亦有不同演題，如二〇二三年的「新華舞台祇園繁榮」，二〇二四年的「源氏物語舞扇」。穿越時空、欣賞優美的舞姿歌樂之餘，又可感受京都四季之美。另外，舞會開始前設有茶席，購下茶券的賓客可以觀賞舞妓點茶，每人可享用一服抹茶及和菓子，亦可把印有團子圖案的菓子小碟帶回家留念。

祇園甲部歌舞練習場

茶屋うた吉

祇園甲部花見小路通

京 **去看都舞會是不是要買較貴的票，坐近些才值得看？**

也不一定是。可考慮添置一個小望遠鏡（日本叫オペラグラス，即 opera glass），從遠處也可看到舞妓、藝妓的樣貌表情。

還有一點作為遊客到花街時應該注意，就是遵守那裡的禮儀，包括注意路牌，不要闖入私家路拍照，當碰到藝妓、舞妓時不要隨便偷拍或作出令她們困惑的行為。畢竟大家都是來欣賞京都的傳統美，當海量旅客到來時，這傳統美是很脆弱的。

茶屋うた吉

能

如果你想挑戰體驗更傳統的歌舞劇，那我會推薦去欣賞能劇及狂言。能劇由室町時代開始成立，最早可追溯到奈良時代由唐國傳入的散樂，是一種歌舞主體的表演。全部約二百四十個劇目，主題很多是和人持著怨念痛苦而未能解脱成佛有關，但也有一些單是向神靈祈求天下太平儀式的劇目。

能劇目 蟬丸

能劇的主角多是已死去的人，經過橋掛（橋掛り）由陰間到達舞台的陽間。戴著能面的角色代表他是神靈或鬼等超自然現象，沒戴能面的則是現世人物。能劇舞者沒有太多道具，很多時候只是手持扇子在台上跳舞及唱詠。除舞者外，坐在台上還有持笛、小鼓、大鼓及太鼓叫「囃子」的樂手及負責詠歌謠的「地謠」組。能劇的表演抽象簡潔而莊嚴，日本人稱這氣氛為「幽玄」，即優美而深沉的美意識。

京 能不是很深奧難明嗎？我怕未看到一半已睡著。

其實看著看著睡了也是常有的事情，不過喜歡能劇的人也會說「睡著也不打緊呢」，因為觀賞能劇，其實是不去過分思考而沉浸於能劇的氣氛之內。作為外國人旅客我會推薦觀賞前上網去找那劇目看看，了解故事大綱（很多也有英文翻譯）。略懂日文的朋友也可考慮影印劇目並帶到場邊看邊讀。當然不需要明白內裡的所有對白歌詞，親身感受在笛和鼓聲下的唱詠，欣賞能樂師的舞姿動作，不期然便會受那氣氛所感染而產生感情。

能 土蜘蛛

京 初次看能劇又怕睡著，有什麼劇目可推薦？

我會推薦一些較簡單又有官能刺激的劇目，例如：

《土蜘蛛》講述源賴光退治（註：「退治」日文意即剷除）一隻住在葛城山的巨大蜘蛛精，蜘蛛吐絲及打鬥的場面很震撼。

《殺生石》講述鳥羽院迷戀的絕世美女玉藻被發現是一隻九尾狐妖，逃離時心持怨念，化身成為一塊鳥獸經過也遭殺身之禍的「殺生石」。石破出來的九尾狐很戲劇性，視覺感也強烈。

金剛定期能（每月一回，七、八月除外）

京都的金剛家源流自大和猿樂四座之一的坂戸座，是舞蹈特別出色的宗家，人們冠稱「舞金剛」。金剛能樂堂[25]每年會舉辦十場的金剛定期能（七、八月除外），而在八月十六日更有因應五山送火而以蠟燭火照明的「蠟燭能」，詳情可到他們網站查詢。

金剛能樂堂能舞台

金剛能樂堂

京都薪能（六月一、二日）

在平安神宮[17]社殿前一連兩晚演出的薪能集合了金剛、觀世、大藏等流派演出，是京都初夏的風物詩。薪能顧名思義就是以柴火照明，在戶外演出的能劇，回歸能表演舞台的原點。

糺能（五月下旬）

晚上在下鴨神社[6]舞殿演出的糺能取名自下鴨神社的古森林「糺の森」。配合森林與神社的幽玄氣氛，是一個特別的能劇體驗。

下鴨神社舞殿

京　能劇院購了自由席票，坐哪裡最好？

坐席主要分正面、脇正面及中正面三種。正面就是對著舞台的正面席，不會被能舞台特有的台柱所阻擋。脇正面和正面席成九十度角，因為近舞台出入通道的「橋掛リ」，可以較近距離觀看役者。中正面是四十五度角向著舞台，因為有台柱阻隔，很多時會以較便宜價錢出售，自由席時也往往是較沒人氣位置。不過我自己倒很喜歡，坐得寬鬆些，亦可以同時看到橋掛リ及舞台狀況。

狂言
靭猿

狂言

說起能劇便不得不提經常同場上演的狂言！狂言是諷刺人生的喜劇，剛好和能劇的死亡悲怨形成光與影的關係。狂言通常夾在兩目能劇之間，與能樂陰陽相成。

狂言的主角通常不戴面具，是現世的人物。經常出現的重要角色名為「太郎冠者」，是一個性格開朗，樂天卻帶傻氣的隨從，跟著大名貴人出巡往往成事不足，但就是從種種的失敗中反映出人的愚蠢卻又可憐可愛。劇裡也有戴著狂言面飾演鬼、精靈以至動物等的狂言師。狂言沒有配樂，只是由役者以室町時代的市井腔語言去演出，合共二百五十七個傳統劇目。

京 狂言好像很有趣，但不懂日語有可能投入嗎？

對白因為用日語古文，可能有些難明白，不過先上網搜索劇目的故事大綱會有所幫助。狂言的劇目有不少是動作喜劇，不太理解對白亦無礙感受到它的幽默感。

京 **有有趣易明的狂言介紹嗎？**

有不少以動物為主角的狂言也很有趣易懂。狂言界有所謂「由猿猴開始，至狐狸終結」，意思是初演狂言時還是小孩，會為一套叫《靭猿》劇目扮猴子，而直至學滿藝後，便可演活另一套劇目《釣狐》裡的狐狸。有機會欣賞狂言的話，比較這兩套劇目也是很有趣呢。

京 **買了能劇的門票，狂言的部分需要另外收費嗎？**

通常能劇門票是包含兩目能劇以及夾在中間的狂言劇目，不會另加收費。

京之四季祭典行事

春	夏
三月	六月 （1、2日） 京都薪能
四月 （整個四月） 都舞會	七月 （整個七月） 祇園祭
五月 （15日） 葵祭 （下旬） 糺能	八月 （16日） 五山送火

秋	冬
九月	十二月
十月 時代祭（22日）	一月 十日惠比壽（8-12日）
十一月	二月 節分祭（2-4日） 早春夢舞台（下旬）

本篇介紹地點：

1 恵美須神社
2 北野天滿宮
3 八坂神社
4 廬山寺
5 上賀茂神社
6 下鴨神社
7 京都御所建禮門
8 御旅所
9 五山送火：大文字
10 五山送火：妙字
11 五山送火：法
12 五山送火：船形
13 五山送火：左大文字
14 五山送火：鳥居形
15 將軍塚青龍殿大舞台
16 京都塔
17 平安神宮
18 南座
19 祇園甲部
20 先斗町
21 祇園東
22 宮川町
23 上七軒
24 祇園甲部歌舞練習
25 金剛能樂堂

Google 地圖

京都生活小記

兒童節

日本的兒童節不在四月四日，而是在五月五日。為什麼會在五月五日慶祝「端午の節句」，即中國傳入的端午節。端午是驅除病災的節日，以前的人會以菖蒲煲水去除病氣。到了一九四八年，日本政府將端午の節句加碼，便一起慶祝兒童節起來。一說是因為日文菖蒲發音（shoubu）與武士的「勝負」一致，而且菖蒲花形狀像古武士的頭盔（日語叫「兜」），讓人聯想到小男孩以武士精神為榜樣，所以一併慶祝！

通常有男孩的家庭在兒童節會於屋外掛鯉魚旗，上面一尾最大的黑色鯉魚叫真鯉，中間一尾紅色的叫緋鯉，下面最小一尾藍色的叫子鯉，旗桿最上有一個風車增加動感。鯉魚旗象徵「鯉躍龍門」，期望小朋友健康成長。以前我還在香港的時候，太太會把鯉魚旗掛出窗外，看上去有如曬衣竿！

有些家庭亦會把武士公仔或小頭盔、盔甲擺設在屋內，也是希望小男孩將來成為有志氣的大人。還記得小時候在一本摺紙手工書內看到武士頭盔的摺法，那時我不知道日本武士的頭盔很多裝有一雙角，怎看也像機械人的頭部！長大後才知道很多日本動漫的機械人靈感就是來自武士盔甲。

雖說日本慶祝兒童節的不單是男孩，女孩也包括在內；畢竟武士頭盔、盔甲等道具也太以男孩為中心了。女孩其實也有自己的節日，就是三月三日的女兒節（亦稱雛祭）。三月三日與五月五日也可以說是日本的「兒童節」，唯獨四月四日不是。

京都生活小記

六道參拜迷途遊

八月盂蘭盆節除了掃墓及在佛壇前放置以牙籤做腳的青瓜、矮瓜「精靈馬」外，京都原來還有其他特色活動。上週到建仁寺禪居庵坐禪時，主持介紹了在六道珍皇寺的「六道まいり」（六道參拜），十分好奇，決定親身去拜訪。

六道珍皇寺坐落在東山區，離祇園及建仁寺不太遠。八月七至十日是六道參拜日子，門口有攤位擺賣「高野槙」（日本金松）樹枝，我猶豫買還是不買好，決定先走入寺裡向閻羅王及藥師佛合十打個招呼。這裡的閻羅王像很搶鏡，眼睛睜得大大，張口露牙。就像在地獄繪本看到的那個造型。隔壁有一個鐘樓，就是此寺名勝之一的「迎鐘」。據《今昔物語》記載，這鐘相傳有特別法力，寺裡的僧人把它埋藏在地底半年，掘出來敲響竟然連唐土也聽到。唐國的和尚更說：若當初把這鐘埋在地底三年的話更會每朝自己報時！現在這鐘成了召喚陰間先祖來訪的「迎鐘」。不知作法，我迷惘了一會，決定先拜藥師佛。怎麼排隊的人手持多張長紙條？驟眼看以為是先祖的墓牌，原來叫水塔婆，放在墓碑後方供養先人及為供養者積善。我沒有先人墓碑在日本，不知所措，結果拜了藥師佛，拿了朱印，再去撞那個迎鐘。

迎鐘藏在鐘樓裡面，外面看不見，只露出一條粗麻繩。我拉一拉麻繩，樓內傳出撞鐘聲。走出來看到寺內說明告示牌，原來正確作法是先買水塔婆，寫下先人俗名，拉繩撞鐘三次，從冥土召喚他到來，再以線香淨化水塔婆，在地藏菩薩前以高野槙為水塔婆灑水及放在那裡供養。不懂順序的我，若真是召喚了先人的話，準是愧對祖先，帶他們遊了半天花園吧！

京都生活小記

盆

日本的八月一大假期是「お盆休み」，即是盂蘭盆節休假。盂蘭盆類近我們的盂蘭節，農曆七月鬼門大開，華人會燒衣祭祖。日本明治維新後改用新曆，本應也是在七月，但因為恰逢農耕期而推遲到八月。一般人最主要活動就是趁假期探望父母或娘家，拜祭一下先祖，到墓地打掃等。

香港的盂蘭節總是給人恐怖印象，晚上在路旁燒街衣（註：香港七月鬼節的習俗，為幫助一些孤魂野鬼，派給他們一些金銀衣紙，等同做慈善。）、第一排座位沒有人坐的「神功戲」（註：古老相傳，神功戲是做給孤魂野鬼看的，第一排位子是留給他們的。）還記得不知誰講過，七月時運低的話容易碰到鬼，看到人在燒街衣時切忌望著笑，否則嘴也有可能生歪等，總之禁忌多多！但是，日本沒有燒街衣，除了掃墓之外，有些家庭還會在家中設置盆棚，放上製品供奉先祖。其中最有趣的是用茄子及青瓜插上四根牙籤製成的「精靈馬」，供祖先代步所用，十分趣致！

因為一家大小返鄉探望父母、祖父母及掃墓，鄉下地方突然熱鬧起來。對於年青人及小朋友來説，盂蘭盆節的主要節目，就是到商店街或公園參加叫「盆祭」的祭典活動，那裡設置不同的飲食遊玩攤位，各人穿上浴衣，玩至夜晚，更可以欣賞煙花表演，或圍著掛滿燈籠的高台跳盆舞，正是日本夏天的「風物詩」（即象徵這季節的風情）！因為疫禍關係，盆祭一停就停了三年，現今終於有限度恢復各樣活動，家族三代終於可以同堂聚一聚。日本的盂蘭盆，某角度看可是去世的人送給在世家人相聚的一個機會呢。

京都生活小記

祇園祭重開

踏入七月的京都大祭典便是祇園祭了，這是日本的三大祭之一。本來因為驅除疫病而起源的祇園祭也因擋不了疫情停了兩年（二〇二三年只能展出山鉾「花車」），二〇二四年終於再開！

祭典儀式貫穿整個七月，我第一次能全段時間在京都，自覺是好機會詳細考察！首先做資料搜集，買了由京都月刊出版的《祇園祭的秘密》，基本上是一本花車解構圖集。祇園祭焦點是那三十四座叫「山」或「鉾」的花車，有各樣主題及裝飾。看看書末的活動日曆，七月七日趕及到了八坂神社參觀「綾傘鉾稚児社参」，是被選中八位稚兒穿上金色的烏帽子及狩衣（平安時代公家的服飾）的參拜儀式。這幾位稚兒將會跟隨綾傘鉾參加月中的山鉾巡行。到達時烈日當空，稚兒滿頭大汗，我也不敵熱浪，到了旁邊賣御守及祇園粽的地方歇暑！

提起祇園祭粽，早前我也入鄉隨俗買了一捆。到京都住後，不由得發覺很多住所商店門口也掛著這粽，有一捆的，也有數捆的。祇園粽不能食用，是以竹葉扎成，掛在門口，目的是除厄病。我的粽在八坂神社買，上面寫著「蘇民將來子孫也」，也有不同山鉾所屬區域賣的粽，印有山鉾的名稱。相傳古時牛頭天王到訪時，得到一位叫蘇民將來的貧窮村民收留過宿。為表感恩，牛頭天王許諾將來會保佑蘇民將來一族不被瘟疫纏繞。咦！那我掛了這祇園粽豈不是冒充行騙牛頭天王了嗎？

京都生活小記

祇園祭山鉾

祇園祭雖然貫穿一整個月，但核心可以說是圍繞著山鉾的一系列活動。山鉾有些像花車，有大有小各有不同主題，全數三十四台。「山」是比較小的神檯狀花車，通常看不到車輪，而「鉾」則是巨大的屋型花車，約六、七層樓高及裝有大木輪。三十四台不是同一時間，而是分為前祭及後祭出場。

這些山鉾各有背後的歷史故事，看看名字也令我感到很好奇：如「長刀鉾」，它頂上裝有一把長刀，喻意破除疫病邪惡。「放下鉾」名字來自在街角說佛法的名僧人「放下僧」，鉾上有日月星三光照亮下界。「白樂天山」上有白樂天（即李白）及道林禪師的人偶在作佛話交談。「螳螂山」上有一具手斧揮動的螳螂木偶。「船鉾」像一艘船，供奉海戰勝利的神功皇后。

這些山鉾由京都市內各町區持有及保管，每年在祇園祭開始時會有建造儀式。近幾年雖然因疫情而停辦祇園祭的主要活動，但二〇二三年仍維持建造山鉾儀式，原因是希望承傳製法給下一代工匠。在街道上看到工匠們以「繩絡」法將木支架紮起，因木架會循環再用，不施一釘，到完成整個山鉾約需要三日！這次我終於有機會看到它們的建造過程，而且還參觀了初曳儀式，看著幾座山鉾在所屬町區被拖著巡行。負責拉繩拖車的有町區關係者、被抽中的遊客，更有幼稚園學生，是疫情下久違了的熱鬧！真正環繞京都市核心地區的山鉾巡行分前祭、後祭兩期，前期在七月十七日，是祇園祭的最高潮活動，希望到時天氣不太差，可親身觀看感受一下！

京都生活小記

祇園祭山鉾巡行日

因疫情三年來首次再有祇園祭的山鉾巡行，更難得自己身處京都，而且又是染疫的康復者，決定不怕病毒感染，親身參觀山鉾巡行！

山鉾巡行是在京都市的核心區進行，分前祭及後祭兩回。七月中的前祭是由四条、烏丸通交界C字型經過河原町到達御池通、烏丸通交界。最多觀眾的地方應該是四条、河原町通交界，除了那裡是百貨站及商店雲集地外，山鉾也在那裡轉彎！山鉾沒有方向盤，尤其是巨大的鉾車，要由數十人拉曳，轉彎的話會在路面上放下竹片，九十度拉行。因擔心太多人在彎道看，我選擇了三条及河原町通交界，慶幸找到一個有大廈遮陰地方，可以站著看完全部二十三台山鉾經過。

親眼見到山鉾巡行，也是有些感動。長刀鉾循例是排首位，其他則是以抽籤形式決定先後。我一邊查看每台山鉾的歷史背景及設計，一邊聽著響起叫「囃子」的樂曲。原來每台鉾有自己的樂曲及演奏手，樂器包括笛、太鼓及一個叫「鉦」的金屬盆敲擊樂器。在眾多山鉾中，印象最深刻除了有真正小朋友充當祭禮童子（稚児）的長刀鉾外，還有那會拍翅膀的螳螂山及那由人形師操作稚児的放下山。放下山在旁經過時，那人偶稚児還回頭望著我打招呼，為這次的巡行留下美好回憶！

京都生活小記

七夕

日本七月七日是七夕，很多地方也會擺放掛上短冊（註：紙條）及各樣折紙掛飾的小竹慶祝這日子。

七夕是中國的乞巧節或七姐誕，主要是女兒的節日。但傳到日本後，便變成小朋友及年青人慶祝的節日了。日本叫織女做「織姬」，而牛郎則是「彥星」，七月七日便是他們在銀河相遇之日！因為這浪漫色彩，很多少男少女也會將自己找到好對象的心願寫在一張短冊，再綁在一支小竹（日文叫「笹」）上。這些短冊有紅、黃、綠、白、黑五種顏色，象徵五行的金、木、水、火、土。不單青年人，小朋友也會將自己的心願寫在短冊上。

還記得 mini讀小學二、三年級時，太太在十元店買了一支塑膠製的小竹，教導 mini摺紙燈籠、魚網及狀似水母的掛飾。那時 mini寫在短冊的願望是「能夠在泳池游到二十五米距離」及「到日本吃刨冰」，結果兩個願望都達成了！

我現在大阪的一家大學 part time教學，這幾日走進學校大堂時，也見到兩支豎立在樓梯兩端的小竹！好奇地看看掛在上面短冊寫了些什麼……當然少不了求緣分的「希望找到伴侶」，有單刀直入求財的「我要錢」，有搞笑妄想的「希望自己成為皇帝」，也有甜在心頭的「祈求家中小貓幸福」。雖然小竹是為學生而設，我也偷偷寫了自己的願望，掛了上去。

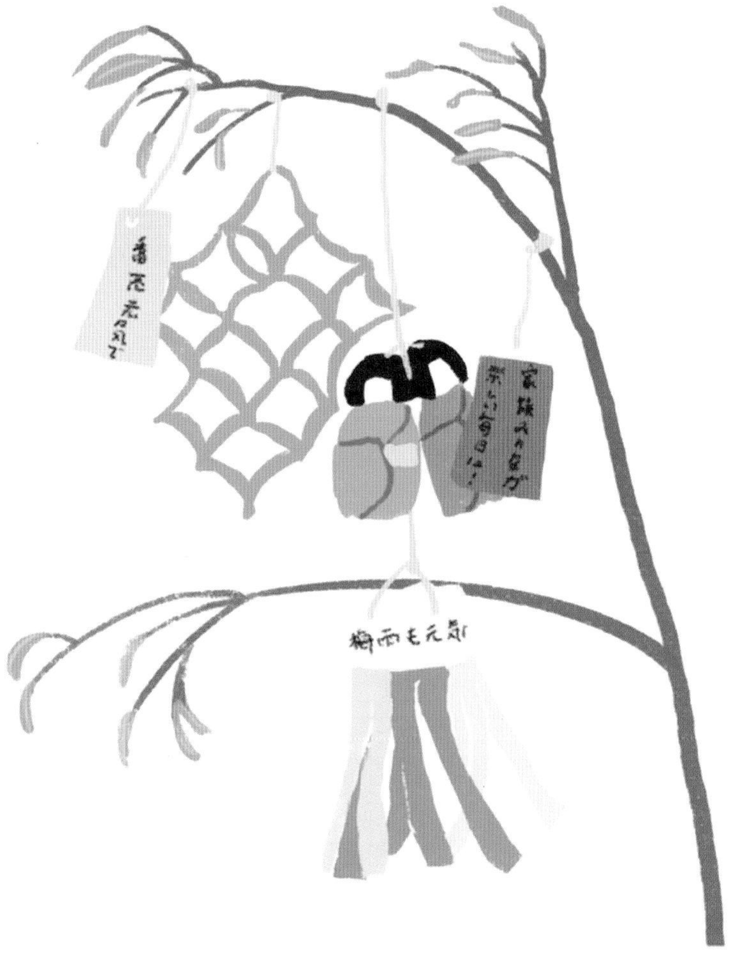
家族みんなが
楽しい毎日に!!
梅雨も元気

京都生活小記

文樂

我一向對木偶很有興趣，但日本的傳統木偶戲「文樂」，卻是最近這幾年才有機會觀賞。上演的地方通常是特定劇院，如東京的國立劇場小劇場及大阪的國立文樂劇場。初次觀看是趁著在東京有空檔時間，臨時到劇場碰碰運氣，怎料已滿座，職員問我願不願意坐後備席，是最後方的摺凳位，我連忙點頭。

文樂又名「人形浄瑠璃」，人形是人偶的日文，浄瑠璃出自佛教藥師如來的東方浄瑠璃世界。由戰國時代的出名故事「浄瑠璃十二段草子」而來。當時以三味線伴奏講故事，後人便泛指以三味線伴奏説故事的劇目為「浄瑠璃」。文樂三大演出者（日本稱為三業）是人形操控者、三味線樂手及唱説故事對白的太夫。人形操控者本身也有分工，主操控者是大師，負責控制頭部及右手，次一級的是左手操控師，跟著便是輩分最淺的腳部操控者。三人中只有主操控師露面，其他二人是以全身黑衣及黑布蒙頭！基本上一個木偶由三人操控，若加上負責説對白的太夫，便成了四人合演了！

文樂除了是娛樂大眾講情講義的肥皂劇外，很多故事也其實帶點佛家思想，如罪業因果、執念與慈悲等。我看過兩套劇目：《菅原傳授手習鑑》及《蘆屋道滿大內鑑》，也是以報恩的故事為骨架。其中《蘆屋道滿大內鑑》講述陰陽師安倍晴明的身世傳言。話説安倍晴明的父親救了一隻正被狩獵的狐仙，狐仙為報恩而幻化成葛之葉公主以身相許。產下安倍晴明後被真正的葛之葉發現，托付了幼童安倍晴明給她照顧，自己悄悄離開的悲劇故事。

我看時觀眾有老人有年青人，坐我旁邊的年青女子還邊看邊抹眼淚邊寫筆記。希望更多年青一輩能發現文樂的魅力，把這文化承傳下去。

京都生活小記

狂言

「狂言」這名稱看似是指瘋語。最初知道日本有這樣的傳統文化是看電影《陰陽師》時，留意到飾演安倍晴明的野村萬斎，在他的履歷上寫著「狂言師」這稱號。究竟狂言是什麼？好奇地查看，原來是日本的一種傳統喜劇表演，來自猿樂，是由唐國傳入、以即興模倣等等為中心的滑稽劇。（字面看似猴戲，但其實「猿」字來自「申」，隱喻「神」的意思。）

觀看能劇，很多時候也會夾集一套或多套狂言劇目。能是悲劇內容的音樂劇，配上一套滑稽、諷刺、失敗談的喜劇調劑一下，就如抹茶與和菓子、苦茶與陳皮梅一樣，絕妙也！

狂言師通常分仕手（主役）及挨答（下把），有時會有多位挨答，挺熱鬧！數年前我買了一本英文版的狂言劇目百科，收集了現今狂言兩大家：「和泉」及「大蔵」共二百五十七劇目！聽説初登舞台的狂言役者會演劇目《靭猿》，而成為獨當一面的狂言師時，便可駕御劇目《釣狐》。就從書中查看一下《靭猿》和《釣狐》的故事大綱吧！

《靭猿》講述一位大名（大將軍）打獵時，碰到一位訓練猴子的賣藝人，繼而命令賣藝人殺了那猴子，將皮毛剝下給他製成箭袋。賣藝人屈服下只請求自己親手把猴子殺掉。拿起棍子正準備下手，猴子誤以為自己在賣藝，取去主人的棍子作船槳做出划艇動作！賣藝人哭成淚人，向大名解釋他由嬰孩時養大猴子，不忍心下手。大名聽罷饒恕了賣藝人，並送出自己配劍甚至乎衣服給他。最後大家和猴子一起共舞。

《釣狐》則講述一隻老狐狸化身成一名僧人去警告獵人不要再放陷阱獵狐。他説了一個長篇故事，聲稱被狩獵的狐狸會化身成人報復云云。獵人信以為真，打

算丟棄已設置的獵狐陷阱，卻被這隻老狐狸回途時發現該陷阱。老狐狸打算回巢脱去衣服再來吃那隻棄掉陷阱上的燒老鼠！怎料回來時又遇上打算取回陷阱的獵人！獵人發現自己被騙，與老狐狸打鬥一輪，卻被牠掙脱逃掉。

牌面看，《釣狐》的確比催淚的《靭猿》難取悅觀眾。

京都生活小記

能

記不起從哪時開始對能劇起了好奇心。可能是因為有一次到名古屋時經過他們的能樂堂吧！第一次購票觀能劇也是在那裡。

入到能劇堂內，發現原來他們把古典能舞台連帶屋簷原汁原味地重現出來。除了這屋簷外，舞台的最大特色是分為橋掛及主舞台兩大部分。橋掛是演者登場的走廊，經此到達主舞台。主舞台後方有畫了一株老松樹的「鏡板」，以鼓及笛演奏曲目的囃子師便坐在鏡板前演奏。唱歌及説台詞的地謠司則坐在主舞台右邊的地謠座。

當然最吸引我注意的是主演者造型，尤其是他們戴上的面具「能面」！能面多是在不同劇目裡共用，有尉面（用於老人或神的化身）、男面（老人以外的全部男人）、女面（老少的女性共通）、怨靈面（亡魂，尤其是受妒忌之苦的女性）、鬼面（鬼及天狗等的超自然物）等等。能劇堂放了一些道具能面，我急不及待戴上去試試，發現因眼孔很少，視野很有限。據聞能的演者要綵排訓練到合上眼也會走位及做出各樣舞姿！

劇目有些是著名歷史故事，有些是微小的人情軼事，也有純歌舞的。如很多傳統的日本藝術一樣，能十分著重形態及意境。舞蹈是靜態的，主演者除戴上能面及穿上古裝服飾外，也手持一些簡單道具如繩子、竹、弓箭或只是一把扇子，抽象地演繹不同場面，比方以拉起的繩子代表船或打開的扇子代表酒杯等。

日本崇尚精簡，他們自稱是「削減的文化」（引きの文化），省略得出來不單是美感，也令人思索探求、引人入勝。能樂是日本的抽象簡潔文化一大代表也。

京都生活小記

京都祇園桃吉庵的甜辛事件簿

這兩三年我一直追讀一系列名為《京都祇園もも吉庵のあまから帖》（書名我暫譯為《京都祇園桃吉庵的甜辛事件簿》）的小說，女主角是一位退出祇園花街成為計程車司機的前藝妓。故事以人情味小品短故事為骨幹，我一下子便追看到第三冊了！

藝妓、舞妓出入的茶屋，通常也是「一見さん」，即只是招呼熟客，或是熟客帶來的賓客。所以對很多人來說，藝妓就是一門很神秘的行業。再加上卡通及好萊塢電影中出現的藝妓，很多時候都有隱藏身分（如間碟、殺手、機械人等……），藝妓的「妓」字又令很多華人聯想到色情事業，因此很多人也對她們的職業有誤解。

我就是抱著這股好奇心閱讀《京都祇園桃吉庵的甜辛事件簿》。桃吉太太是祇園甜品屋桃吉庵老闆，著名的招牌甜點是麩餅紅豆沙。客人除了花街的常客外，也有剛入行的舞妓以至附近建仁寺的和尚。老闆娘女兒亦即是女主角，就是那位人氣最盛時辭去藝妓工作的是的美里。故事格局有些像《深夜食堂》的花街版，環繞著這些幫襯桃吉庵的客人們及桃吉、美里母女的生活甜苦軼事。

這些生活軼事中，也反映出不少藝妓與恩師、客人、前後輩等的微妙關係。其中印像最深刻是桃吉太太教研修中的舞妓：藝者不應說「頑張る」而是「気張る」。兩者都可解釋為「加油」，不過「頑張る」是獨自一人頑強拼命，而「気張る」則是顧及他人的感受，牽動他人一起去加油。

讀著讀著，不自覺地體會到花街的生活哲學，是一本很容易拿起閱讀的異文化生活小說。

京都花街盛事「都舞會」

以往到京都旅行時，總想去祇園一睹穿越花街的藝妓們。當然，不少遊客於街上碰到藝妓便瘋狂攝影造成騷擾，我也自覺地避免向著她們拍照，只能看多幾眼回味。不過若想欣賞藝妓的舞姿，又不是能花費大量金錢或有人脈的話，最好的機會是到祇園甲部歌舞練場購票看表演。而其中最盛大的表演是每年一度在春天舉行的都舞會（都おどり）。

想看了幾年，但四月我通常不能請假到日本。移居到日本，卻得知因為疫禍關係，踏入令和（註：日本今上天皇德仁的年號，也是日本現行使用的記年稱號。）後的都舞會原來也連續兩年被取消了！今年是令和的首個復辦舞會，而且移師到有名的南座舞台，我當然很快便出手買了票！

這是我第二次入南座看表演，老馬識途箭步爬樓梯到第三層的騎樓席，入內發現原來坐騎樓席的人不多，我買到的是第一行最正中位置（yeah!）。今年劇目叫《泰平祈令和花模樣》，共分八景，由初春的上賀茂神社梅花林、夏天的洛中町家座敷看螢火、深秋的尾勝寺紅葉，再到春回大地的仁和寺盛櫻，每一景開幕與閉幕的安排一絲不苟，震撼得來乾淨俐落！不過令我留下最深印象的，是開場時由一眾舞妓表演的置舞。可能大家不太清楚：舞妓是初入行研修中的藝者，從她們的華麗髮簪、色彩繽紛且有很寬的振袖和服便能分辨出來。到學師有成，她們便會改穿單色調為主的和服襯上白色襟衣，髮型也改梳「島田」裝。今年跳置舞的舞妓們穿上藍天下的枝垂櫻，配上有花草文樣襯托的源氏車，手上拿著扇子或櫻花垂枝。舞步比西洋舞或中國舞靜態及簡約，像是為了由一個優美姿態轉到下一個優美姿態而跳出的舞蹈。看得出舞妓下了很多苦工練習。看罷後很想為這些付出青春、磨練日本傳統技藝的年青女子打氣。聽說每年也會有新的舞蹈作品，配上新的總舞服飾，很期待明年也能到場觀看！

神社與佛寺

下鴨神社

來京都感受古風，一大樂事是到遊各式的神社佛寺。日本流行宗教分為神道教及佛教，神社是祭祀神道教之地，佛寺便是佛教的寺廟了。

京　怎樣分辨佛寺及神社？

最簡易的方法是看看入口有沒有鳥居。鳥居有如一個牌坊，多是木製塗上朱紅色，形狀簡約沒有簷篷，作為神社的結界（雖然偶爾也會有石造的鳥居）。佛寺則多有如門樓的入口，大的佛寺更設有山門，可登上樓閣內的佛堂。另外神社的殿內多不擺設神像，只有一面鏡子及兩旁的獅子、狛犬像（註：日本神獸，為守護神明的差使）作守護。佛寺在堂內則能看到一個或多個佛像。

神道教及佛教是日本最流行的宗教，但若果問日本人多相信哪門宗教，很多時他們會反問「你指的是什麼時間？」原因是宗教對很多人來説已成為一個行儀禮節。例如除夕時會到佛寺聽除夕鐘聲，新年則到神社「初詣」（即新年禮拜）。結婚很多時是採用神道教或基督教儀式，而葬禮卻多以佛教儀式進行。因為京

知恩院

都是古時的京城，有名氣及有歷史地位的佛寺神社真是多不勝數。

御守、御神籤及御朱印

大部分神社及佛寺也設有店鋪，可從那裡求不同種類的御守、御神籤及御朱印。御守就是護身符，通常會因應寺社的屬性而售出不同目的的御守，效力是一年。御神籤大致分為大吉、吉、中吉、小吉、末吉、凶、大凶。大吉便是最好運，大凶反之便是運勢最差。御朱印是一個蓋印加上社寺名、神佛名稱等的毛筆書寫，是證明你到該社的參拜記錄。求御朱印的話，應附上自己的朱印帳（可在神社寺廟甚至一些文房精品店買到），但亦可選擇求取已蓋有御朱印的單頁紙，回家後再貼上朱印帳。

賀茂御祖神社（下鴨神社）御朱印

三千院御朱印

神社與佛寺基本參拜行儀

神社

出入時一禮
鳥居
手水舍
本殿
先洗手
左手
右手
喝水
洗水瓢
付賽錢
搖鈴
兩鞠躬
兩拍手
合手祈願
鞠躬

佛寺

出入時一禮
右腳踏入
山門
手水舍
本堂
微微鞠躬
付賽錢
搖鈴
合十祈禱

京 用了一年的御守應該怎樣處理？

大多數御守的有效期是一年。日本人相信御守一年內吸了各種穢物效用便會失去。而這些失去效用的御守應歸還原先求到的神社佛寺「處分」（通常是經過焚燒的儀式）。歸還方法是放入一個寫上「お焚き上げ」或「古神札納め所」等的箱，這叫做「返納」。若果不能回到原本地方返納的話，也可到一些較大的社寺把它放進那裡的返納箱。一些意見是用了一年的御守不返納留作紀念品的話也不會有壞後果，只是沒有效用罷了。

御守

下鴨神社　流鏑馬神事

惠美須神社

下鴨神社　葵の御守

禪居庵

京 抽到凶或大凶籤時是否應把它綁在寺社設置的棚架？

如果那裡的寺社設有棚架的話，可考慮把這些不想帶回家的凶籤綁在那裡。不過，把籤帶回家也不代表把不吉帶回家。凶籤原意是神明對人的啟示，有觀點認為：細讀重溫再提醒自己也不是壞事。

八坂神社　御神籤

下鴨神社

神社

神道教是日本古傳的傳統信仰，相信一草一木心落萬丈皆有神靈寄宿，基本上是對大自然崇拜的一種宗教。神社多設在神聖的地域，如一個山頭或一片森林。但除了這些「自然神」之外，還有一些「文化神」，即保佑生活（如漁作、稻作、驅除疫病）的神明。另外，生前有功德的偉人歿後也可成為「人神」（如菅原道眞、豐臣秀吉），真的是「八百萬神靈」！

京都的有名神社很多，其中由平安時代中期起受朝廷特別眷顧的「二十二社」裡，有一半便座立在京都，繼有：石清水八幡宮、上賀茂神社、下鴨神社、松尾大社、平野神社、伏見稻荷大社、大原野神社、梅宮大社、吉田神社、八坂神社、北野天滿宮及貴船神社。在這裡挑選幾所個人喜歡的神社。

糺の森

下鴨神社 樓門

下鴨神社[1]

原名是賀茂御祖神社，有二千年歷史，和上賀茂神社是一對，同是世界遺產。神社座立於古森林糺の森內，入口在鴨川三角洲。單是散步看看河川及森林，吸收自然氣息已是很好的地方。糺の森古樹很高，又有小河川在夏天時可看到螢火蟲。森林內縱列的馬道每年也會舉行叫流鏑馬神事的騎射祭典。本殿內十二生肖分別設有供奉神壇，大家可選擇自己生肖去祭祀。本殿隔鄰的橋殿每年會舉行薪能（祭神的能劇），而御手洗社[2]、輪橋及光琳之梅亦是美麗的拍照地方。御手洗社每年夏天也

光琳之梅

下鴨神社　御手洗社

會舉行御手洗祭，不少穿上浴衣的遊客會到御手洗池浸足，寓意驅除疫病腳氣。

說起御手洗池，不得不提上文曾提到的著名的御手洗團子（みたらし団子），全國有售，通常是一串五個，塗上半透明狀的黑糖醬。下鴨神社附近的加茂みたらし茶屋[3]據聞是發源店，那裡賣的團子特別之處在於排列是一加四，第一粒團子和另外四粒稍為分隔，據聞是來自後醍醐天皇作祭典時御手洗池先湧出一個泡繼而湧出四個泡的佳話。

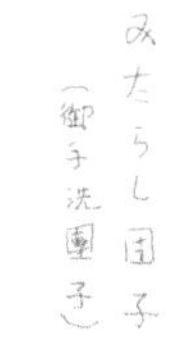

下鴨神社求的御手種類非常多，而且設計優美。其中守護男性的「彥守」及女性的「姬守」由和服織布製作，每個也有獨特花紋圖案，作為自己擁有的唯一一款御守也有其吸引力。

上賀茂神社　一之鳥居　二之鳥居

上賀茂神社[4]

原名賀茂別雷神社，和下鴨神社一對，同是世界遺產。風景優美。社內本殿及權殿並設，權殿為本殿修葺時的暫替神殿。祭奉賀茂別雷大神，傳說有去除厄穢及必勝法力。境內玉橋下的御物忌川和御手洗川合流成為「ならの小川」，流水清澈，流經的涉溪園[5]樹林翠綠，是休憩好地方。每年四月第二個星期天在此地舉行賀茂曲水宴，去年葵祭的齋王（請參看本書的「節日與祭典：葵祭」段落）會出題，讓當代的一流歌人們即興詠唱和歌及寫在短冊上，繼而把流放於河水上的鴛鴦形酒杯裡的神酒一喝而下。眾人穿上平

涉溪園

神馬　神山号

上賀茂神社　橋殿

神山湧水珈琲

安時代的正裝，十分風雅。另外行倦了可到神社西鳥居對出的休憩所[6]一嚐神山湧水珈琲，坐在樹蔭下享受自然的欣惠。

上賀茂神社的御守多是淺粉色系，除了以該神社紋三葉葵作的御守外，也有以平安貴族騎馬競走，寫上「うまくいく守」（意即「順利進行」，取其諧音「騎馬奔走」）的順利守。上賀茂神社是日本騎馬的發源地，境內有一匹神馬叫「神山号」，在星期日、公眾假期或祭典出社供來者瞻仰。

北野天滿宮　樓門

北野天滿宮[7]

北野天滿宮是鎮解菅原道真的怨靈而建的神社。菅原道真因學識廣博，後世稱他為「學問之神」。很多訪客特地而來此社拜祭，希望學業或藝能進步。社內放置多頭牛銅像，訪客們往往也會撫摸這些牛銅像的頭，希望自己變得聰明。牛與道真很有淵源，因道真是牛年出世，而他死前遺言曾說希望自己葬於牛車自主停下之地。

北野天滿宮　牛銅像

京 菅原道真是什麼人物？為什麼會成為怨靈？

菅原道真是平安時代的中級貴族，是個學識廣博的秀才、遣唐使，也是漢詩高手，人們冠稱「和魂漢才」。他曾得宇多天王賞識而升為右大臣，卻因敵對貴族的中傷而降職，最後鬱鬱不得志死去。道真過世後，京城的風雨不順，洪水旱災瘟疫連年。當時人們都相信是菅原道真的怨靈所作，醍醐天皇於是建立北野天滿宮作鎮靈護國之用。

北野天滿宮名勝之一是梅苑「花の庭」[8]，有一千五百株梅花。梅花是菅原道真喜愛的花種，下雪日在船出之庭[9]踏雪尋梅也是很有詩意。境內育有的梅子會製成酸梅乾稱為「大福梅」，是神社的新年緣起物，據説可保學業成就、考試合格、災難厄除等。

提起北野天滿宮，有興趣日本戰國史的人或是茶道愛好者可能會記起豐臣秀吉大宴賓客的「北野大茶會」。神社內有三所茶室一年在特定時間可以入內喝茶或參加茶會，不過若想輕鬆地喝杯抹茶及一嘗北野大茶會的人氣和菓子的話，可到位於神社東北面的長五郎餅茶店[10]坐下點一客抹茶及長五郎餅套餐。長五郎餅就是在北野大茶會裡受到豐臣秀吉恩賜名稱讚許的和菓子，薄薄的外皮包著紅豆蓉，口感一流又不太甜。

橋殿

教王護法寺（東寺）

佛寺

佛教在日本有很重要地位，不少天皇、貴族、甚至乎武士、將軍也篤信佛教，京都因此有很多富有歷史地位的佛寺。雖然不能在此一一介紹，但也想將這些佛教、佛寺的種類及入門知識整理一下，讓大家到遊佛寺時可以比較容易理解及欣賞。

京都佛教宗派

佛教在奈良時代由百齊（現今的韓國）傳入日本，到了平安時代（中國的唐、宋時期）遷都平安京（即現在的京都），當時的遣唐使僧人最澄、空海將唐國的佛教傳來日本。最澄傳來的佛教宗派是天台宗，以法華經為中心，提倡「止觀」的冥想修行，認為人人可成佛。歸國後在平安京東北的「鬼門」比叡山建立了延曆寺[11]。而同期的空海由唐國歸來時傳來了那時最先進的佛教「密教」（亦稱真言宗），相信以唸咒語、結手印、心想大日如來本尊的秘密修行方法（三密加持）可即身成佛。空海得到嵯峨天皇賞識，在平安京的羅城門東（即黑澤明電影裡的羅生門）建立了教王護法寺[12]（後稱東寺）以鎮護國家。到了平安時代晚期，在比叡山修行的僧人榮西因不滿朝廷官員及有貴族血統的僧侶掌握重權而令佛寺日漸腐敗，決定到宋國學習本來的佛學。輾轉來回日本及宋國兩次，在宋國天台山修行，並繼承了禪臨濟宗王龍派的法脈。當時日本正值武家抬頭，在掌權的鎌倉幕府希望對抗原有朝廷及比叡山權力下，推舉榮西創建臨濟宗的禪寺建仁寺[13]，建仁寺亦成為當時官寺。同時，原在比叡山的僧人法然亦下山提倡另類的修行方法，以不繼念唱「南無阿彌陀佛」人人便可平等地往生到極樂淨土的教誨，吸引了很多平民百姓跟隨。後來因為比叡山打壓而令法然還俗並流放到讚岐。不過法然過世後他的弟子繼承衣缽並發展成淨土宗。法然當時傳教的吉水草庵之後成為了在京都東山的知恩院[14]，而他亦被追封成為淨土宗的宗祖。

遊佛寺通常也可看到供奉的佛像。而佛像的「尊格」其實有分等級，由上至下分為：佛、菩薩、明王、天部。在佛教裡，佛（亦稱如來）是最高級，佛的意思是得道開悟的智者。除了釋迦牟尼外，還有其他如

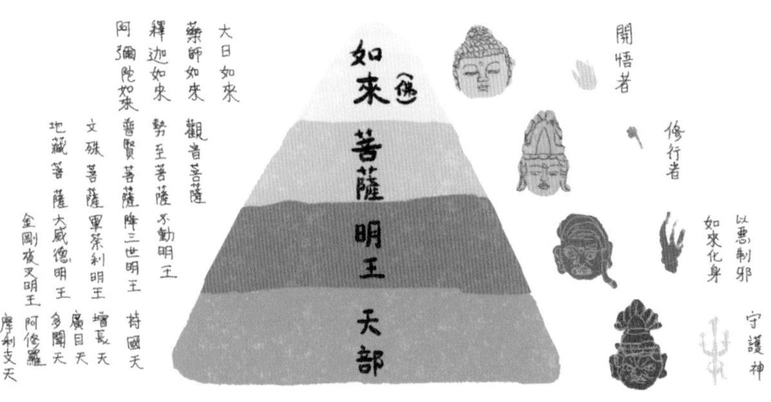

來，例如阿彌陀如來、藥師如來、大日如來。下一級為菩薩，是正在求開悟而拯救眾生的修行者，例如文殊菩薩、觀音菩薩、彌勒菩薩。接下來的明王是如來化身，面容憤怒，以惡相去粉碎邪惡，拯救墮落罪業的人，如不動明王、降三世明王、軍荼利明王、大威德明王、金剛夜叉明王、愛染明王等。天部則是佛教的守護神，有不同法力，有些甚至乎來自其他宗教。天部的例子如四天王的持國天、增長天、廣目天、多聞天、又或亞修羅、摩利支天。

不同宗派佛寺所供養的本尊亦各有不同。例如天台宗多是阿彌陀如來或釋迦如來，密宗是大日如來，臨濟宗是釋迦牟尼世尊，淨土宗是阿彌陀如來。某些佛寺因緣起關係亦可能供養和以上不同的本尊。到遊佛寺其中一樣有趣的地方是欣賞這些不同佛像的容貌、服飾、手持的法器等。往往背後有很多可發掘的故事。

京 為什麼佛寺裡的佛像多是一尊主像加上左右兩尊副像？

通常如來像旁的兩邊會放置菩薩像侍奉，主尊加兩侍整體稱為三尊像。而如來與配置的菩薩有特定組合。例如釋迦如來左面放普賢菩薩，右面放文殊菩薩，藥師如來左面是月光菩薩，右面是日光菩薩，阿彌陀如來左面是勢至菩薩，右面則是觀音菩薩。

釋加三尊像

延曆寺 東塔

延曆寺[11]

宗派：天台宗
本尊：藥師如來

延曆寺位於京都市東北面被稱為「鬼門」的比叡山，是世界遺產。延曆寺分為東塔、西塔、橫川三個部分，主建築的根本中堂列為國寶，位於東塔部。堂內分外陣、中陣、內陣。內陣安置了本尊藥師如來像，傳說是由開山的傳教大師最澄雕刻，而且還有最澄燃點從未熄滅的「不滅發燈」。根本中堂建築特色是內陣比中陣低，而且只有蠟燭照明，參拜者需要低頭俯望內陣的佛像、法器等，滿有神秘感。不少遊人亦會到東塔的鐘樓敲鐘敬佛，山內不時傳來鐘聲，很有寺院參拜氣氛。天台宗以法華經為

延曆寺 根本中堂

延曆寺 西塔 釋迦堂

中心，提倡「止觀」冥想修行，想試試修行的話，根本中堂附近的延曆寺會館[15]提供坐禪及寫經體驗給一般遊客。

若有時間可以考慮參拜加上健行活動，由東塔行至西塔，路經森林、長橋及石板梯級，需時約二十分鐘，是不錯的散步小運動。若體力更佳的話，可再由西塔經過東海道自然步道行至橫川，是較為崎嶇的山路，需時約八十分鐘。

西塔至橫川山路

東寺 五重塔

東寺[12]

宗派：真言宗
本尊：藥師如來

東寺原稱教王護法寺，是世界遺產，弘法大師空海創立。東寺在平安京（現在的京都市）羅城門（現已消失）東面，在西面原本亦有已經消失了的西寺。標誌性的五重塔是現存日本最高的木造建築物，燒亡重建了數次，現今的五重塔已是第五代。

真言宗亦稱密教或密宗，是空海繼承了唐國長安青龍寺的密教第七祖惠果衣鉢而傳來日本。密教的「密」解作秘密，即是秘密的佛法，要經過嚴格修行才可灌頂傳給有資格的弟子。到東寺可看到空海的「胎藏界曼荼羅」及「金剛界曼荼羅」兩幅總括了密

東寺　金堂

教世界觀的佛畫。密教相信他們的教義不能只靠文字表達，經過觀摩這兩界曼荼羅可洞悉法門。而空海為了追求更真實表現曼荼羅的世界觀，在講堂內設置了稱為「立體曼荼羅」的佛像群，以大日如來為中心，廿一尊佛像呈現出充滿迫力（註：日文，衝擊性、震撼力之意）的曼荼羅情景。

每月的廿一日是空海的命日，東寺境內也會舉行出名的「弘法市」，有非常多的小店販賣古董、古著、古道具、食材食品等等，是京都一大出名的市集。

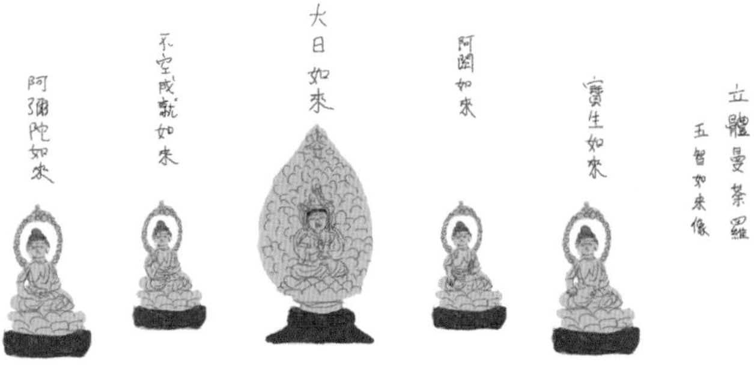

建仁寺　方丈

建仁寺[13]

宗派：臨濟宗　本尊：釋迦如來

建仁寺位於藝妓花街的祇園旁邊，是京都最古老禪寺，創寺的榮西禪師從宋國傳來了禪宗的臨濟宗，以打坐及禪問答的「公案」作為修行方法。據傳因為打坐時眠氣攻心，榮西也從宋國帶來了茶葉及飲茶文化，幫助消除睡意。榮西傳來的茶葉開創了日本本地種植茶，寺內亦可找到一片茶田作紀念榮西禪師這位「茶祖」。說起打坐，若有興趣親身體驗的話，可留意建仁寺塔頭（即寺內的小院）禪居庵[16]差不多

建仁寺塔頭　禪居庵

建仁寺　方丈枯山水庭園

風神雷神圖屏風

榮西禪師　茶碑

每月也會舉辦緣日法要及座禪會。來賓不需預約便可參加，而且費用全免。

進入寺內方丈（即主持住的地方）可看到美麗而簡樸的石、沙及植物的庭園，禪宗稱之「枯山水庭園」。建仁寺亦擁有出名國寶「風神雷神圖屏風」，風神、雷神的造型幽默，構圖奇特富設計美學。俵屋宗達（註：十七世紀前後，活躍於京都的藝術家。）以此作品開創了「琳派」日本畫風。

知恩院　三門

知恩院[14]

宗派：淨土宗
本尊：阿彌陀如來

知恩院位於東山區，擁有日本最大級的木造寺門。一般佛寺的寺門稱為山門，但知恩院卻稱它為三門。三門在佛教是空門、無相門及無願門，取其意通過這三種解脱便可以得悟。三門的樓閣放了寶冠釋迦及十六羅漢像，偶爾會有限定公開。穿過三門登上男坂梯級便可到達阿彌陀堂及御影堂。男坂的右面有一條較長而窄，樓梯沒有那麼陡峭的女坂也可到達同一目的地。知恩院的本尊阿彌陀如來座像便安放在阿彌陀堂[17]，佛像容貌慈詳，堂內天花板吊滿瓔珞，是我到知恩院必拜訪的地方。

知恩院　阿彌陀堂

淨土宗主張不斷唸誦「南無阿彌陀佛」，阿彌陀如來便會在你死後迎到西方極樂淨土。在巨大的國寶御影堂[18]內不時可聽到僧侶在誦佛。而且每年秋季會在此舉行「不斷唸佛會」，三日三夜無間斷唸誦「南無阿彌陀佛」，一般拜訪者在日間也可參觀。

寺內另一名勝是大鐘樓[19]。三點三米高的大鐘每年除夕夜也會由十七位僧人曳繩敲打，是 NHK 電視台每年都轉播的「京都風物詩」（即季節特有風習）。

知恩院　大鐘樓

10 延曆寺
比叡山
1 下鴨神社
出町柳
鴨川
丸太通り
二条大橋
三条大橋
四条大橋
河原町
12 建仁寺
13 知恩院
五条大橋
七条大橋
京都駅

3 上賀茂神社
6 北野天滿宮
桂川
大宮通
11 東寺

本篇介紹地點：

1 下鴨神社
2 御手洗社
3 加茂みたらし茶屋
4 上賀茂神社
5 涉溪園
6 上賀茂神社休憩所
7 北野天滿宮
8 梅苑「花の庭」
9 船出之庭
10 長五郎餅茶店
11 延曆寺
12 教王護法寺（東寺）
13 建仁寺
14 知恩院
15 延曆寺會館
16 禪居庵
17 知恩院　阿彌陀堂
18 知恩院　御影堂

Google 地圖

京都生活小記

冥界遊

八月日本盂蘭盆節，令人不時想起陰間的事！我對佛教有興趣，好奇地也會看看佛教裡的陰間是怎樣的一回事。剛巧京都以佛教作專題的龍谷博物館辦了一個「那個世的美術」展，宣傳海報狀似繪本封面，吸引了我去參觀。

展覽其中一部分叫「地獄．極樂」，展出有關地獄及極樂兩個地方（概念？）的美術文物。佛教的地獄其實很具象，我們眾所週知便是死後經過閻羅王審判，看看你的業果再行賞罰。不過我不知道原來地府不止閻羅王一位，宗佛教裡竟有十位負責審判的王，稱為「十王」！閻羅王（日本稱為閻魔大王）只是排第五的裁判者！死者死後每隔七日便要經這些裁判者審判（真是「死了也沒空」）。那究竟會審判到哪時？原來是一直到決定你應輪迴到哪個地方為止。佛教相信這些地方有六個，就是我們常聽到的六道。六道是：天道、人道、修羅道、畜生道、餓鬼道和地獄道。其中有好有壞，因應前世業果而分派（怎樣也讓我想起小學分ABCDEF班時的情況）。其中畜生道、餓鬼道和地獄道都是壞「班別」。在展覽裡最突出的「熊野観心十界曼荼羅」圖就刻畫了這六道輪迴的狀態。其中篇幅最大是描述地獄道，有形形色色被惡鬼虐待的情景，如放在鍋裡煮、被鬼舂到稀巴爛等，苦不堪言。

不過不管入了好或壞的道，到最後也要被奪衣婆（註：日本民間信仰中，守在陽間與陰間交界三途川的冥界鬼神。）奪去這世記憶，再投胎輪迴，不斷循環。佛教相信解決的方法惟有不參與這輪迴遊戲，跟佛以及菩薩修成正果（佛家所謂的四聖度）去極樂之境。我看著這「熊野観心十界曼荼羅」入了迷，感受很像在看充滿黑色幽默的主題公園地圖一樣。

王

京都生活小記

御守

我想來過日本旅行的各位也到過神社佛寺買御守了。因為從很久以前已喜歡遊社寺，我也不知不覺買過很多各有特色的御守。

一些我喜愛的御守包括：

以他們名勝繡球花為設計宇治三室戶寺小繡球花御守，有藍、粉二色選擇。

在嵯峨野的天龍寺賣的一款御守是一個小達摩公仔，傾側時兩眼會突出，象徵神通力，很搞笑。

旅遊名店清水寺賣的「mini大黑天守」，造型是一個縮小版的大黑天，以霧黑色塑膠製成，和扭蛋玩具的界線可說是非常模糊！

太太在廣島千光寺買回來的六瓢御守，一個閃亮亮的葫蘆打開，入面竟有六個像米粒般大的小葫蘆！

三十三間堂賣的迷你箭御守，有吸盤可貼在車頭玻璃，保佑駕駛安全。還有下鴨神社的粉紅與粉綠雙葉葵御守，形狀可愛。

地藏菩薩

在土御門佛師的雕刻工房學習雕刻佛像，不知不覺過了兩個月。第一個課題，就是雕刻一尊Q版地藏菩薩！地藏菩薩在日本是守護嬰兒、小孩的象徵。到遊佛寺甚至經過一些住宅區，很多時也會看到一些很可愛、披著口水肩的佛像，那就是地藏菩薩了。

安置地藏菩薩的住宅區，街坊會輪流為地藏菩薩上香點燈洗白白，甚至為他刷上新漆！太太剛剛搬到這區時，也登記了地藏菩薩打掃名單。這些地藏菩薩就好像是街坊福利會的一個象徵，連結一個小社區。前陣子，跟一些大學教授到大津附近考察社區，其中有些教授是研究各區域的地藏菩薩。據他説，村民感覺地藏菩薩是他們慰藉心靈的一面鏡子，看著它能夠察覺到自己的心情，為它清潔時能感受到潔淨自己心靈一樣的喜悦。

佛像雕刻班由學雕刻地藏菩薩開始，除了因為地藏菩薩沒有頭髮比較容易雕刻之外，我想也是因為在它的親和力！每次歷時三個小時的雕刻課，我望著這個一刀一刀從檜木削出來的地藏菩薩，心中傳來一陣陣暖意，很有療癒感覺。在佛教中，菩薩是一些正在修練成佛的人，未到達佛的智慧，卻充滿著慈悲心。據説地藏菩薩為了拯救眾生，願意守尾門成為最後擺脱痛苦的人。對於做很多事也慢半拍的我，想起這點總覺得有些安慰。

京都生活小記

御朱印帳

日本的打卡文化到處可見。不少的旅遊地方也有印章可以蓋，紀念到此一遊，有些更會數個景點連帶一起，做成所謂的stamply活動，鼓勵遊客集齊全套。其實神社佛寺很早已有這些集印章的活動！可能你也察覺到很多神社佛寺賣紀念品的地方，也會有一些所謂朱印帳的簿子，打開來看，就如一條蛇一樣，是多頁連起來的白紙。日本稱這樣的釘裝為「蛇腹」。朱印帳也叫「納經帳」，本是善信到寺廟寫經祈福後用作記錄證明的手帳，慢慢演變成拜訪寺社時「刷存摺」用的記念冊！

我雖然喜歡到神社佛寺遊覽，但一直也沒有買一本朱印帳，因為太太曾說有不少人因為儲朱印儲上癮而花費一大筆金錢……對！納朱印是收費的！朱印通常是由寺社內的代表（神社的話多是巫女，而佛寺的話則是和尚）在帳上以毛筆即席寫下寺社名稱及代表性的佛像、殿堂名又或是佛語，再在上面蓋上硃砂色的印章，寫上參拜日期。有時也會因為寫朱印的人不在或是太多人遊覽而「因時間關係」預備了一些寫在和紙上的已製成品朱印紙發售！

我的朱印帳是遊京都的三十三間堂時買的，現時集了六個朱印。

國家圖書館出版品預行編目（CIP）資料

京都文化遊 / 沙沙奇綠鼻子作.
--初版. -- 台北市：香港商亮光文化有限公司台灣分公司，2025.01
面；公分 --
ISBN 978-626-98717-6-6(平裝)

731.75219 113019550

京都文化遊

文・繪 沙沙奇綠鼻子
監修 佐々木聡美

主編 林慶儀
出版 香港商亮光文化有限公司 台灣分公司
Enlighten & Fish Ltd (HK) Taiwan Branch
設計/製作 亮光文創有限公司
地址 台北市大安區敦化南路一段170號2樓
電話 （886）85228773
傳真 （886）85228771
電郵 info@enlightenfish.com.tw
網址 signer.com.hk
Facebook www.facebook.com/TWenlightenfish

出版日期 二〇二五年一月初版
ISBN 978-626-98717-6-6
定價 NTD$380 / HKD$138